KUHANJE S FERMENTIMA, KISELJENIM KRASTAVCIMA I KONZERVISIMA

Otključajte potencijal fermenata, kiselih krastavaca i konzervi za 100 nezaboravnih obroka

Sara Marković

Materijal autorskih prava ©2023

Sva prava pridržana

Nijedan dio ove knjige ne smije se koristiti ili prenositi u bilo kojem obliku ili na bilo koji način bez odgovarajućeg pisanog pristanka izdavača i vlasnika autorskih prava, osim kratkih citata korištenih u recenziji . Ovu knjigu ne treba smatrati zamjenom za medicinske, pravne ili druge stručne savjete.

SADRŽAJ

SADRŽAJ 3
UVOD 6
FERMENTI 7
   1. Zdjele za burger s povrćem na žaru 8
   2. Paella sa slaninom i kimchijem s piletinom 10
   3. Kroketi od kiselog kupusa i kobasica 13
   4. Probiotičke grickalice 15
   5. Korejski prsa i kimchi burger 18
   6. Kimchi pržena riža s neželjenom poštom 20
   7. Korejska govedina i kimchi sir na žaru 22
   8. Probiotička krumpir salata 24
   9. Kimchi pomfrit 26
   10. Probiotičke palačinke od cjelovitih žitarica 28
   11. Probiotičko proljetno zelje shakshuka 30
   12. Zdjela za smoothie s probioticima 33
   13. Probiotički milkshake od tamne čokolade 35
   14. Grčki Tzatziki Dip 37
   15. Probiotski muffini 39
   16. Probiotička čokoladna pločica od cikle 41
   17. Haš za ukrajinski doručak 43
   18. Rolice od čilija i oraha 45
   19. Probiotička salata od kupusa 47
   20. Salata od fermentiranih krastavaca 49
   21. Probiotski zalogaji torte od sira 51
KONZERVE **53**
   22. Pivski umak od trešanja 54
   23. Puffs od karamele i jabuke 56
   24. Cruffini s krem sirom od malina 59
   25. Pločice s malinom i limunom bez pečenja 61
   26. Šifon kolač od marelice bez pečenja 63
   27. Trešnja Boule-de-Neige 65
   28. Maslac od kikirikija i žele banana kruh 68
   29. Kokos trakice marelice 71
   30. Kroasani s malinama i krem sirom 73
   31. Kroasani s borovnicama i krem sirom 75
   32. Ledena torta od limuna s umakom od rabarbare 77
   33. Mozzarella, pršut i džem od smokava, sir na žaru 80
   34. Kiwi trifle 82
   35. Breskva melba trifle 84
   36. Šljiva Dacquoise 86
   37. Tost s jagodama i krem sirom 89
   38. Torta od piletine, Queso Fresco i Gouda 91
   39. Mozzarella, pršut i džem od smokava, sir na žaru 93
   40. Carbquik Drop Danish 95

41. Preokrenuti kolač od breskve i medenjaka ... 97
42. Kolač s kremom od maline ... 99
43. Schwarzwald francuski tost ... 101
44. Focaccia di mele ... 104
45. Kvadrati džema od cjelovitih žitarica ... 107
46. Tartufi od jagode i limunade ... 109
47. Francuski tost od sira s jagodama ... 111
48. Francuski tost štapići sa skutom od mandarina ... 113
49. Glazura od marelice ... 115
50. Glazirana polirana torta ... 117
51. Kolačići s otiskom palca od maline ... 119
52. Mesna štruca od sušenog voća ... 121
53. Mochi prstenasta krafna ... 123
54. Gateau de mousse a la nectarine ... 126
55. Cheesecake s pjenom od malina ... 129
56. Pjena od svježih smokava ... 131
57. Šifon kolač od marelice bez pečenja ... 134
58. Matzoh slojeviti kolač bez pečenja ... 136
59. Pločice s malinom i limunom bez pečenja ... 138
60. Pita od svježeg voća bez pečenja ... 140
61. Marelica zobena kaša Linzer pločice ... 142
62. Maslac od kikirikija i džem ... 144
63. Kolačići od maslaca od kikirikija i želea ... 146
64. PB i J Sladoled od soje ... 148
65. Pita od svježeg voća bez pečenja ... 151
66. Pita od jagoda ... 153
67. Pita od oblaka od jagoda ... 155
68. Ružičasta limunada-tartufi od jagoda ... 157
69. Lagane voćne pinwheels ... 159
70. Mozzarella, pršut i džem od smokava ... 161
71. Swirl sladoled od čokolade i maline ... 163
72. Parisienne voćni tart ... 165
73. Tart od badema ... 168
74. Torte od badema i marelice ... 170
75. Vafli s ricottom i malinom ... 172

KISELI KRASTAVCI ...174
76. Salata od tjestenine s kiselim krastavcima i koprom ... 175
77. Pohana piletina u salamuri ... 177
78. Zalogaji pereca punjeni kiselim krastavcima i sirom ... 179
79. Vrtljače za kisele krastavce i šunku ... 181
80. Sveamerički hamburgeri ... 183
81. Copycat u N' Out Burgeru ... 186
82. Kubanci ... 189
83. Bicky Burger ... 191
84. Belgijski tartar umak ... 194
85. Tepsija od sira ... 196

86. Pub Cheese Dip 198
87. Čips od kiselih krastavaca od kopra 200
88. Avokado, jaja & Ezekiel tost 202
89. Božićna jaja s vragom 204
90. Salata od krumpira i nasturtiuma 206
91. Cheeseburger pomfrit 208
92. Šunka, sir i ananas na žaru 210
93. Cheddar i kopar na žaru 212
94. Lunchbox Pureći sendvič s majonezom 214
95. Vege burger u zdjelici 216
96. Sushi rolada od rotkvica i krastavaca 218
97. Havajska tuna na žaru s algama i rotkvicama 220
98. Cool salata za ljubitelje lososa 223
99. Spam Crostini 225
100. Salata od celera 227
ZAKLJUČAK **229**

UVOD

Dobrodošli u zadivljujuće i transformativno carstvo kuhanja s fermentima, kiselim krastavcima i konzervama, gdje se drevna alkemija očuvanja odvija kao oblik umjetnosti u vašoj vlastitoj kuhinji. Ova kuharica više je od zbirke recepata; to je impresivan vodič koji vas poziva u srce kulinarskih tradicija, pozivajući vas da svladate delikatne i zamršene tehnike koje su oblikovale način na koji čuvamo okuse kroz povijest.

Dok okrećete stranice ove kulinarske odiseje, zamislite da se upuštate u istraživanje puno okusa—ono koje nadilazi svakodnevicu i ulazi u nesvakidašnje. Umijeće konzerviranja je cijenjeno umijeće koje nadilazi generacije, a unutar platna ove kuharice, pozivamo vas da otkrijete njegove tajne, otključavajući potencijal fermenata, kiselih krastavaca i konzerviranih proizvoda kako biste unaprijedili svoje kulinarske kreacije.

Zaronite s nama u srce tehnika konzerviranja, gdje obično postaje neobično, a svježi sastojci prolaze kroz metamorfozu kroz transformativne moći fermentacije i kiseljenja. Svaki recept utkan u ovu kulinarsku avanturu poglavlje je u priči koja se odvija na vašoj kuhinjskoj plohi, nudeći ne samo kolekciju obroka već i praktično iskustvo koje vas uranja u složen i nijansiran svijet konzerviranja.

Stoga, pridružite nam se na ovoj gastronomskoj ekspediciji, gdje ćemo zaroniti u bogatu tapiseriju okusa koje fermenti, kiseli krastavci i konzerve mogu donijeti na vaš stol. Bilo da ste iskusni kućni kuhar, željan proširiti svoj kulinarski repertoar ili znatiželjni početnik spreman prigrliti čari konzerviranja, ova je kuharica osmišljena kako bi vas nadahnula, educirala i osnažila da svakom obroku udahnete bogate i nijansirane okuse koje samo umijeće očuvanja može pružiti. Pustite putovanje u svijet fermenata, kiselih krastavaca i konzervi - putovanje koje obećava ne samo kulinarske užitke, već i dublju povezanost s prastarim tradicijama koje su oblikovale način na koji uživamo u hrani. Dobrodošli u svijet u kojem svaka staklenka, svaki ferment i svaka tehnika konzerviranja obećavaju stvaranje kulinarskih čuda u srcu vašeg doma.

FERMENTI

1. Zdjele za burger s povrćem na žaru

SASTOJCI:
- 2 veganske pljeskavice
- 1 šalica miješanog zelenila

POVRĆE NA GRILU
- 1 tikvica, narezana na ploške
- 1 paprika, na kockice
- 1 patlidžan, narezan na ploške
- 1 rajčica, prepolovljena
- Koplja šparoga

DODATCI PO IZBORU
- 1 žličica sjemenki sezama
- 1 žlica miješanih orašastih plodova
- Kimchi
- kiseli luk

ZAVOJ
- Veganski tahini

UPUTE:
a) Prethodno zagrijte roštilj.
b) Pecite hamburgere i povrće na roštilju, smanjite vatru nakon označavanja.
c) Sastavite zdjelice sa zelenim povrćem, povrćem na žaru, hamburgerom i preljevom na žlicu dodajući sve dodatne dodatke koje želite.

2. Paella sa slaninom i kimchijem s piletinom

SASTOJCI:
- 1 šalica arborio riže (ili bilo koje riže kratkog zrna pogodne za paellu)
- 2 pileća prsa bez kostiju i kože, narezana na komade veličine zalogaja
- 4-6 kriški slanine nasjeckane
- 1 šalica kimchija, nasjeckanog
- 1 glavica luka sitno nasjeckana
- 2 češnja češnjaka, mljevena
- 1 crvena paprika, narezana na ploške
- 1 šalica smrznutog graška
- 1 žličica paprike
- ½ žličice dimljene paprike (po želji)
- ¼ žličice šafrana (po želji)
- 2 šalice pileće juhe
- ½ šalice bijelog vina
- Sol i crni papar po ukusu
- 2 žlice maslinovog ulja
- Sjeckani svježi peršin za ukras

UPUTE:
a) Započnite namakanjem niti šafrana u 2 žlice tople vode i ostavite sa strane. To će pomoći u oslobađanju okusa i boje.
b) U velikoj tavi s ravnim dnom ili tavi za paellu zagrijte maslinovo ulje na srednje jakoj vatri. Dodajte nasjeckanu slaninu i kuhajte dok ne postane hrskava. Izvadite slaninu iz tave i stavite je sa strane, a masnoću od slanine ostavite u tavi.
c) Začinite komade piletine solju, crnim paprom i paprikom. Dodajte piletinu u istu tavu i kuhajte dok ne porumeni i skuha se. Izvadite piletinu iz tave i ostavite je sa strane.
d) U istu tavu dodajte nasjeckani luk, češnjak i narezanu crvenu papriku. Pirjajte ih dok luk ne postane proziran, a paprika omekša.
e) Dodajte Arborio rižu u tavu i miješajte par minuta da se riža malo tostira.
f) Ulijte bijelo vino i kuhajte dok ga riža uglavnom ne upije.
g) U tavu dodajte nasjeckani kimchi i kuhanu slaninu te sve promiješajte.
h) Dodajte niti šafrana zajedno s tekućinom za namakanje, dimljenu papriku (ako koristite) i 1 šalicu pileće juhe. Dobro promiješati.
i) Nastavite kuhati paellu na srednjoj vatri, dodajući još pileće juhe po potrebi i povremeno miješajući. Riža bi trebala upiti tekućinu i postati

kremasta, a pritom zadržati lagani zalogaj (al dente). To bi trebalo trajati oko 15-20 minuta.
j) Zadnjih nekoliko minuta kuhanja u tavu ponovno dodajte smrznuti grašak i kuhanu piletinu. Miješajte dok se grašak ne zagrije .
k) Kušajte paellu i prema potrebi dodajte začine solju i crnim paprom.
l) Nakon što je riža potpuno kuhana, a tekućina većim dijelom upila, maknite paellu s vatre i ostavite je da odstoji nekoliko minuta prije posluživanja.
m) Ukrasite nasjeckanim svježim peršinom i poslužite vruću paellu sa slaninom i kimchijem s piletinom.

3. Kroketi od kiselog kupusa i kobasica

SASTOJCI:
- ½ funte svinjske kobasice
- 2 ½ žlice dehidriranog luka, mljevenog
- 8 unci kiselog kupusa, ocijeđenog i nasjeckanog
- 2 žlice običnih suhih krušnih mrvica
- 3 unce krem sira, omekšalog
- 1 žličica mljevene gorušice
- 1 češanj češnjaka, protisnut
- ¼ žličice crnog papra
- 2 jaja, dobro tučena
- 1 šalica običnih suhih krušnih mrvica
- Ulje za kuhanje (za prženje)

UPUTE:
a) Zapržite svinjsku kobasicu s mljevenim lukom u tavi dok nije potpuno pečena. Ocijedite suvišnu masnoću iz tave i dodajte nasjeckani kiseli kupus i 2 žlice krušnih mrvica . Dobro izmiješajte i ostavite sa strane.

b) U posebnoj zdjeli pomiješajte omekšali krem sir, senf, protisnuti češnjak i crni papar. Temeljito izmiješajte dok se dobro ne sjedini.

c) Umiješajte smjesu krem sira u smjesu kobasica i kiselog kupusa, pazeći da je ravnomjerno raspoređena. Ohladite smjesu oko 30 minuta da se stegne.

d) Zagrijte pećnicu na 375 stupnjeva Fahrenheita (190 stupnjeva Celzija).

e) Uzmite ohlađenu smjesu i oblikujte je u male kuglice, otprilike veličine kroketa veličine zalogaja.

f) Umočite svaki kroket u umućena jaja, pazeći da su premazani sa svih strana.

g) Krokete premazane jajima uvaljajte u obične suhe krušne mrvice , pazeći da su potpuno premazani.

h) U dubokoj tavi ili tavi zagrijte dovoljno ulja za prženje na srednje jakoj vatri.

i) Na zagrijanom ulju pržite pohane krokete dok ne porumene sa svih strana. Ocijedite ih na papirnatim ručnicima kako biste uklonili višak ulja.

j) Pržene krokete stavite u lim za pečenje i pecite u zagrijanoj pećnici 15-20 minuta, neposredno prije posluživanja. To će pomoći da se u potpunosti skuhaju i zagriju.

k) Ukusne krokete od kiselog kupusa i kobasica poslužite kao izvrsno predjelo ili međuobrok, savršen za svako okupljanje ili zabavu. Uživati!

4. Probiotičke grickalice

SASTOJCI:
- 1 šalica valjane zobi
- ½ šalice maslaca od badema (ili bilo kojeg maslaca od orašastih plodova ili sjemenki po vašem izboru)
- ¼ šalice meda ili javorovog sirupa
- ¼ šalice mljevenog lanenog sjemena
- ¼ šalice nasjeckanog suhog voća (npr. marelice, grožđice ili brusnice)
- ¼ šalice nasjeckanih orašastih plodova (npr. bademi, orasi ili indijski oraščići)
- ¼ šalice malih komadića čokolade (po želji)
- ½ šalice probiotičkog jogurta (grčki jogurt ili alternativa bez mliječnih proizvoda)
- 1 žličica ekstrakta vanilije
- Prstohvat soli

UPUTE:

a) Obložite kalup za pečenje veličine 8x8 inča (20x20 cm) papirom za pečenje, ostavljajući malo prepusta sa strane za lakše uklanjanje.
b) U suhoj tavi na srednje jakoj vatri tostirajte zobene pahuljice dok ne poprime laganu zlatnu boju i zamirišu. Stalno miješajte da ne zagori. To bi trebalo trajati oko 3-4 minute.
c) U malom loncu na laganoj vatri zagrijte maslac od badema i med (ili javorov sirup) dok se ne počnu lako miješati. Neprekidno miješajte da se sjedini.
d) U velikoj zdjeli za miješanje pomiješajte prženu zob, mljeveno laneno sjeme, nasjeckano sušeno voće, nasjeckane orašaste plodove i male komadiće čokolade (ako ih koristite).
e) Prelijte toplu mješavinu maslaca od badema i meda preko suhih sastojaka.
f) Dodajte probiotički jogurt, ekstrakt vanilije i prstohvat soli.
g) Sve zajedno miješajte dok se smjesa dobro ne sjedini i ne postane ljepljiva.
h) Prebacite smjesu u pripremljenu tepsiju.
i) Koristite lopaticu ili stražnju stranu žlice kako biste ga čvrsto i ravnomjerno utisnuli u posudu.
j) Stavite posudu u hladnjak i ostavite da se hladi najmanje 2 sata ili dok se šipke ne stvrdnu.
k) Nakon što su šipke čvrste, pomoću pergamentnog papira ih izvadite iz posude.
l) Stavite ih na dasku za rezanje i narežite na ploške željene veličine.
m) Zamotajte štanglice pojedinačno u papir za pečenje ili ih čuvajte u hermetički zatvorenoj posudi u hladnjaku do tjedan dana. Možete ih i zamrznuti za dulje skladištenje.

5.Korejski prsa i kimchi burger

SASTOJCI:
- 500 g goveđih prsa, mljevenih
- 125 g špica, očišćena od kore, mljeveno
- ⅓ šalice (80 ml) svijetlog soja umaka
- Suncokretovo ulje, za četkanje
- 6 glavica mladog luka, tamnozeleni dio tanko narezan, svijetli dio prepolovljen
- 2 zelene paprike, uzdužno narezane na četvrtine
- 6 brioche peciva za pljeskavicu, razrezanih, premazanih uljem, posutih crnim sezamom
- Kewpie majoneza i gochujang (korejska pasta od čilija), za posluživanje

ZA BRZI KIMCHI:
- ¼ šalice (55 g) soli
- ⅓ kineskog kupusa (wombok), narezanog na ploške
- 4 zgnječena češnja češnjaka
- ¼ šalice (55 g) šećera u prahu
- 2 žlice ribljeg umaka
- 1 žlica suhih čili pahuljica

UPUTE:
a) Pomiješajte mljevena prsa, mljeveni komadić i 2 žlice soja umaka. Od smjese oblikujte 6 pljeskavica i poravnajte ih. Premažite pljeskavice s preostale 2 žlice soja umaka. Ohladite ih 30 minuta.

b) U zdjeli pomiješajte sol, narezani kineski kupus i 2 šalice (500 ml) vruće vode. Pokrijte i ostavite sa strane 15 minuta. Kupus oprati i ocijediti. Umiješajte narezani tamni mladi luk i preostale sastojke za kimchi.

c) Zagrijte tavu za roštilj na jakoj vatri i premažite je uljem. Papriku i prepolovljeni svijetli mladi luk kuhajte 2-3 minute ili dok ne omekšaju. Izvadite ih i ostavite sa strane.

d) Grill tavu premažite s još malo ulja. Pecite pljeskavice 2 minute sa svake strane. Smanjite vatru na srednju i pecite još 3 minute sa svake strane ili dok ne pougljeni i budu kuhani.

SASTAVITE PLJESKAVICE:
e) Podloge za lepinje namažite majonezom. Prelijte ih paprikom, pljeskavicama, pastom od čilija , mladim lukom, kimchijem i poklopcima peciva. Poslužite svoje ukusne korejske prsa i kimchi hamburgere!

f) Uživajte u jedinstvenoj fuziji okusa u ovom burgeru!

6.Kimchi pržena riža s neželjenom poštom

SASTOJCI:
- 3 žlice ulja kanole, podijeljene
- ¾ šalice spama narezanog na kockice
- 1 šalica nasjeckanog kimchija
- 2 žlice kimchi soka
- 1 žlica soja umaka
- 1 žlica gochugarua (pahuljice korejske crvene paprike)
- 2 žlice neslanog maslaca
- 3 ½ šalice kuhane bijele riže
- 1 žlica sezamovog ulja
- 3 jaja

IZBORNO:
- Nasjeckani mladi luk
- Fino nasjeckani nori (pečena alga)
- Tostirane sjemenke sezama

UPUTE:
a) Zagrijte 2 žlice ulja kanole na srednje jakoj vatri u neprianjajućoj tavi ili tavi od lijevanog željeza.
b) U tavu dodajte Spam narezan na kockice i pirjajte dok malo ne porumeni, što bi trebalo trajati oko 5 minuta.
c) U tavu dodajte nasjeckani kimchi, sok od kimchija, sojin umak i gochugaru . Pirjajte ovu smjesu 5 do 10 minuta.
d) U tavu stavite neslani maslac i miješajte dok se ne otopi.
e) Stavite 3 ½ šalice kuhane riže u tavu i dobro miješajte dok se sva riža ne prekrije kimchijem i umakom.
f) Kušajte pženu rižu za začin i po potrebi prilagodite. Ako je preslano, možete dodati još riže kako biste uravnotežili okuse.
g) U popženu rižu dodajte sezamovo ulje i dobro promiješajte.
h) Ugasite vatru i stavite rižu sa strane.
i) U zasebnoj neprianjajućoj tavi zagrijte 1 žlicu uljane repice na srednje jakoj vatri.
j) Pržite jaja do željene pečenosti, po mogućnosti sa sunčanom stranom okrenutom prema gore.
k) Poslužite kimchi prženu rižu prelivenu pečenim jajetom i po želji ukrasite nasjeckanim mladim lukom, nasjeckanim norijem i sjemenkama sezama.
l) Uživajte u ukusnoj kimchi prženoj riži s neželjenom poštom!

7.Korejska govedina i kimchi sir na žaru

SASTOJCI:
- 8 unci kuhane govedine na korejski način (bulgogi), tanko narezane
- 4 kriške provolone sira
- ½ šalice kimchija, ocijeđenog i nasjeckanog
- 4 kriške kruha
- Maslac za mazanje

UPUTE:
a) Premažite maslacem jednu stranu svake kriške kruha.
b) Stavite krišku provolone sira na nemaslanu stranu kriške kruha.
c) Na vrh stavite sloj kuhane govedine na korejski način.
d) Na vrh govedine rasporedite sloj nasjeckanog kimchija.
e) Pokrijte drugom kriškom provolone sira i drugom kriškom kruha (putrom premazana strana prema gore).
f) Ponovite za preostale kriške kruha i nadjev.
g) Zagrijte tavu na srednje jakoj vatri i na nju stavite sendviče.
h) Kuhajte dok kruh ne poprimi zlatnosmeđu boju i dok se sir ne otopi, preokrećući napola.
i) Maknite s vatre, prepolovite i poslužite vruće.

8.Probiotička krumpir salata

SASTOJCI:
- 2 funte crvenog krumpira, kuhanog i narezanog na kockice
- ½ šalice običnog jogurta (sa živim aktivnim kulturama)
- ¼ šalice majoneze
- 2 žlice jabučnog octa
- 1 žličica Dijon senfa
- 2 stabljike celera, sitno nasjeckane
- ½ šalice crvenog luka, sitno nasjeckanog
- ¼ šalice svježeg kopra, nasjeckanog
- Posolite i popaprite po ukusu
- Paprika za ukras (po želji)

UPUTE:
a) U velikoj zdjeli za miješanje pomiješajte kuhani i na kockice narezani crveni krumpir, nasjeckani celer i sitno nasjeckani crveni luk.

b) U zasebnoj zdjeli pomiješajte obični jogurt, majonezu, jabučni ocat, dijon senf, sol i papar kako biste napravili preljev za krumpirovu salatu.

c) Dresing prelijte preko smjese krumpira. Lagano promiješajte kako bi se krumpir i povrće ravnomjerno prekrili.

d) Pokrijte krumpir salatu i ostavite u hladnjaku najmanje 1 sat da se okusi prožmu.

e) Prije posluživanja ukrasite svježim koprom i malo paprike.

f) Poslužite svoju probiotičku krumpir salatu kao klasičnu hranu i c

9.Kimchi krumpirići

SASTOJCI:

- 4 velika krumpira, izrezana na krumpiriće
- 2 žlice biljnog ulja
- 1 šalica kimchija, ocijeđenog i nasjeckanog
- ¼ šalice majoneze
- 1 žlica sezamovog ulja
- 1 žlica sjemenki sezama
- 2 zelena luka, tanko narezana
- Posolite i popaprite po ukusu

UPUTE:

a) Zagrijte pećnicu na 425°F (220°C) i obložite lim za pečenje papirom za pečenje.
b) U veliku zdjelu prelijte pomfrit s biljnim uljem, soli i paprom.
c) Rasporedite krumpiriće u jednom sloju na lim i pecite 25-30 minuta, ili dok ne postanu hrskavi.
d) U maloj posudi pomiješajte majonezu i sezamovo ulje.
e) Izvadite krumpiriće iz pećnice i prebacite ih u posudu za posluživanje.
f) Pomfrit pospite nasjeckanim kimchijem, pospite mješavinom majoneza sa sezamom i pospite sjemenkama sezama i narezanim zelenim lukom.
g) Poslužite vruće i uživajte u jedinstvenim okusima kimchi krumpirića.

10. Probiotičke palačinke od cjelovitih žitarica

SASTOJCI:
- 1 šalica integralnog pšeničnog brašna
- ½ šalice valjane zobi
- 2 žlice mljevenog lanenog sjemena
- 1 žlica meda ili javorovog sirupa
- 1 žličica praška za pecivo
- ½ žličice sode bikarbone
- ¼ žličice soli
- 1 šalica običnog jogurta (sa živim aktivnim kulturama)
- ½ šalice mlijeka (bilo koje vrste po želji)
- 2 velika jaja
- 1 žličica ekstrakta vanilije
- Maslac ili ulje za kuhanje
- Svježe bobičasto voće, narezana banana ili sjeckani orašasti plodovi za preljev (po želji)

UPUTE:
a) U velikoj zdjeli za miješanje pomiješajte integralno pšenično brašno, zobene zobi, mljevene sjemenke lana, prašak za pecivo, sodu bikarbonu i sol.
b) U posebnoj zdjeli pomiješajte med ili javorov sirup, obični jogurt, mlijeko, jaja i ekstrakt vanilije.
c) Ulijte mokre sastojke u suhe sastojke i miješajte dok se ne sjedine. Pazite da ne premiješate ; nekoliko grudica je u redu.
d) Ostavite tijesto za palačinke da odstoji oko 5-10 minuta. Za to vrijeme, mljeveno laneno sjeme će upiti malo vlage i pomoći u zgušnjavanju tijesta.
e) Zagrijte rešetku ili tavu koja se ne lijepi na srednje jakoj vatri i dodajte malu količinu maslaca ili ulja.
f) Ulijte ¼ šalice dijela tijesta na rešetku za svaku palačinku. Po potrebi stražnjom stranom žlice raširite tijesto u okrugli oblik.
g) Pecite dok se na površini ne stvore mjehurići, zatim okrenite palačinke i pecite dok ne porumene s obje strane.
h) Ponovite postupak s preostalim tijestom.
i) Poslužiti.

11. Probiotičko proljetno zelje shakshuka

SASTOJCI:
- 2 žlice maslinovog ulja
- 1 manja glavica luka sitno nasjeckana
- 2 češnja češnjaka, mljevena
- 1 crvena paprika, narezana na kockice
- 1 zelena paprika, narezana na kockice
- 1 žličica mljevenog kima
- 1 žličica mljevene paprike
- ½ žličice mljevenog kajenskog papra
- Sol i crni papar po ukusu
- 1 limenka (14 unci) zgnječenih rajčica
- 4 šalice svježeg proljetnog povrća (npr. špinata, kelja, blitve), nasjeckanog
- 4 velika jaja
- ½ šalice običnog jogurta (sa živim aktivnim kulturama)
- Svježi peršin ili cilantro za ukras
- Hrskavi kruh ili pita za posluživanje (po želji)

UPUTE:

a) Zagrijte maslinovo ulje u velikoj tavi ili tavi od lijevanog željeza na srednje jakoj vatri. Dodajte nasjeckani luk i pirjajte dok ne postane proziran, oko 3-4 minute.

b) Umiješajte nasjeckani češnjak, crvenu papriku narezanu na kockice i zelenu papriku narezanu na kockice. Kuhajte još 2-3 minute dok paprike ne počnu omekšati.

c) Dodajte mljeveni kim, mljevenu papriku, mljeveni kajenski papar, sol i crni papar. Promiješajte da se povrće prekrije začinima.

d) U limenku ulijte pasirane rajčice i dobro promiješajte. Ostavite smjesu da se kuha oko 10 minuta, odnosno dok se umak ne zgusne.

e) Umiješajte nasjeckano svježe proljetno zelje. Kuhajte još 2-3 minute dok zelje ne uvene i ne omekša.

f) Žlicom napravite četiri udubljenja u umaku. U svaku udubinu razbijte jedno jaje.

g) Pokrijte tavu ili tavu i pustite da se jaja pošširaju u umaku oko 5-7 minuta, ili dok se bjelanjci ne stvrdnu, a žumanjci još uvijek tekući. Prilagodite vrijeme kuhanja na temelju željene spremnosti jaja.

h) Žlicom nanesite obični jogurt na shakshuku, ravnomjerno ga rasporedite.

i) Pospite shakshuku svježim peršinom ili cilantrom za ukras.

j) Poslužite vruće s hrskavim kruhom ili pitom sa strane po želji.

12. Zdjela za smoothie puna probiotika

SASTOJCI:
- 1 šalica grčkog jogurta (običnog, nezaslađenog)
- 1 zrela banana
- ½ šalice smrznutog miješanog bobičastog voća (borovnice, jagode, maline)
- ½ šalice listova špinata (svježih ili smrznutih)
- ¼ šalice kefira (običnog ili s okusom)
- 1 žlica meda (po želji, za slatkoću)
- 1 žlica chia sjemenki (za dodatna vlakna i omega-3)
- ½ šalice granole (za preljev)
- Svježe bobičasto voće, narezana banana i malo meda (za ukras)

UPUTE:
a) U blenderu pomiješajte grčki jogurt, zrelu bananu, smrznuto miješano bobičasto voće, listove špinata, kefir i med (ako ga koristite).
b) Miksajte dok smjesa ne postane glatka i kremasta. Možda ćete morati stati i strugati po bokovima blendera kako biste bili sigurni da je sve dobro izmiješano.
c) Nakon miješanja, dodajte chia sjemenke u smjesu i kratko promiješajte da se sjedine. Chia sjemenke će zgusnuti smoothie jer upijaju tekućinu.
d) Smjesu za smoothie ulijte u dvije zdjelice.
e) Svaku zdjelu obilno pospite granolom za dodatnu hrskavost i teksturu.
f) Po želji ukrasite zdjelice za smoothie svježim bobičastim voćem, narezanom bananom i malo meda za dodatnu slatkoću.
g) Zdjelice za smoothie s probioticima odmah poslužite. Uzmite žlicu i uživajte u ukusnoj i hranjivoj dobroti!

13. Probiotički milkshake od tamne čokolade

SASTOJCI:
- 1 šalica običnog jogurta (sa živim aktivnim kulturama)
- 1 zrela banana, oguljena
- 2 žlice nezaslađenog kakaa u prahu
- 1 žlica meda ili javorovog sirupa (po želji)
- ½ žličice ekstrakta vanilije
- ½ šalice nezaslađenog bademovog mlijeka (ili bilo kojeg mlijeka po vašem izboru)
- ¼ šalice valjane zobi
- 1 žlica chia sjemenki (po izboru, za dodatna vlakna i omega-3)
- ¼ šalice mrvica ili komadića tamne čokolade
- Kockice leda (po želji, za hladniji i gušći shake)

UPUTE:
a) Odmjerite obični jogurt, nezaslađeni kakao prah, med ili javorov sirup, ekstrakt vanilije, bademovo mlijeko, zobene zobi, chia sjemenke (ako koristite) i komadiće ili komadiće tamne čokolade.
b) U blender dodajte obični jogurt, oguljenu bananu, nezaslađeni kakao prah, med ili javorov sirup i ekstrakt vanilije.
c) U blender dodajte zobene zobi i chia sjemenke. Ovi sastojci će dodati gustoću i vlakna vašem shakeu.
d) Ulijte nezaslađeno bademovo mlijeko (ili mlijeko koje preferirate).
e) Ako želite hladniji i gušći shake, u blender možete dodati nekoliko kockica leda.
f) Počnite miješati na niskoj brzini i postupno povećajte na visoku. Miksajte dok smjesa ne postane glatka i dok se svi sastojci dobro ne sjedine. To bi trebalo trajati oko 1-2 minute.
g) Kušajte milkshake i prilagodite slatkoću dodavanjem još meda ili javorovog sirupa ako je potrebno. Kratko blendajte da se sjedini.
h) Dodajte komadiće ili komadiće tamne čokolade u blender i pulsirajte nekoliko puta kako biste ih uklopili u shake. Po želji možete rezervirati i malo za ukras.
i) Ulijte svoj probiotički milkshake za doručak od tamne čokolade u čašu.
j) Ukrasite svoj milkshake posipom kakaa u prahu ili dodatnim komadićima tamne čokolade ako želite.

14. Grčki Tzatziki Dip

SASTOJCI:
- 2 šalice grčkog jogurta
- 1 krastavac sitno naribati i ocijediti
- 2 češnja češnjaka, mljevena
- 2 žlice svježeg soka od limuna
- 2 žlice ekstra djevičanskog maslinovog ulja
- 1 žlica svježeg kopra, nasjeckanog
- Posolite i popaprite po ukusu

UPUTE:
a) Naribajte krastavac i stavite ga u čistu kuhinjsku krpu ili gazu. Iscijedite višak vlage iz krastavca.
b) U zdjeli za miješanje pomiješajte grčki jogurt, naribani krastavac, mljeveni češnjak, svježi limunov sok, ekstra djevičansko maslinovo ulje i nasjeckani svježi kopar.
c) Miješajte dok se svi sastojci dobro sjedine.
d) Začinite svoj grčki Tzatziki umak solju i paprom po ukusu.
e) Ostavite u hladnjaku barem sat vremena prije posluživanja kako bi se okusi stopili.
f) Poslužite svoj Tzatziki umak kao osvježavajući začin uz pita kruh, povrće ili meso s roštilja ili kao umak za vaše omiljene grickalice.

15. Probiotički muffini

SASTOJCI:
- 1 ½ šalice višenamjenskog brašna
- ½ šalice integralnog pšeničnog brašna
- 1 žličica praška za pecivo
- ½ žličice sode bikarbone
- ¼ žličice soli
- 1 šalica običnog jogurta (sa živim aktivnim kulturama)
- ¼ šalice neslanog maslaca, otopljenog
- ¼ šalice meda ili javorovog sirupa
- 2 velika jaja
- 1 žličica ekstrakta vanilije
- 1 šalica svježih ili smrznutih borovnica
- ½ šalice nasjeckanih orašastih plodova (npr. oraha ili badema)
- Korica jednog limuna (po želji, za dodatnu aromu)
- 1-2 žlice chia sjemenki (po želji, za dodatna vlakna i omega-3)

UPUTE:
a) Zagrijte pećnicu na 350°F (175°C). Kalup za muffine namastite ili obložite papirnatim podlogama.
b) U velikoj zdjeli za miješanje pomiješajte višenamjensko brašno, integralno pšenično brašno, prašak za pecivo, sodu bikarbonu i sol. Ako koristite koricu limuna, dodajte je suhim sastojcima i dobro promiješajte.
c) U drugoj zdjeli pjenjačom izmiješajte jogurt, otopljeni maslac, med ili javorov sirup, jaja i ekstrakt vanilije dok se dobro ne sjedine.
d) Ulijte mokre sastojke u suhe sastojke i lagano promiješajte dok se ne sjedine. Pazite da ne premiješate ; nekoliko grudica je u redu.
e) Nježno umiješajte borovnice i nasjeckane orahe. Ako želite, u ovoj fazi možete dodati i chia sjemenke.
f) Žlicom ravnomjerno rasporedite tijesto za muffine u pripremljene kalupe za muffine, puneći svaki otprilike do ⅔.
g) Pecite u prethodno zagrijanoj pećnici 18-20 minuta ili dok čačkalica zabodena u sredinu muffina ne izađe čista ili sa samo nekoliko vlažnih mrvica.
h) Ostavite muffine da se ohlade u kalupu za muffine oko 5 minuta, a zatim ih prebacite na rešetku da se potpuno ohlade.
i) Nakon što se muffini ohlade, spremni su za uživanje.
j) Sve ostatke pohranite u hermetički zatvorenoj posudi u hladnjaku.

16. Probiotička čokoladna pločica od cikle

SASTOJCI:
- 1 mala cikla, pečena, oguljena i pasirana (oko ½ šalice)
- ¼ šalice običnog jogurta (sa živim aktivnim kulturama)
- ¼ šalice kokosovog ulja, otopljenog
- ¼ šalice čistog javorovog sirupa ili meda
- 1 žličica ekstrakta vanilije
- ¼ šalice nezaslađenog kakaa u prahu
- ¼ šalice bademovog brašna (ili bilo koje brašno po vašem izboru)
- ¼ žličice sode bikarbone
- Prstohvat soli
- ¼ šalice malih komadića čokolade (po izboru, za dodatnu teksturu)

UPUTE:
a) Zagrijte pećnicu na 400°F (200°C).
b) Operite i narežite ciklu. Zamotajte ga u aluminijsku foliju i pecite u pećnici oko 45-60 minuta ili dok ne omekša.
c) Pustite da se pečena cikla ohladi, zatim je ogulite i ispasirajte u blenderu ili u multipraktiku. Odmjerite ½ šalice pirea od cikle za recept.
d) U zdjeli za miješanje pomiješajte pire od cikle, obični jogurt, otopljeno kokosovo ulje, javorov sirup ili med i ekstrakt vanilije. Dobro promiješajte.
e) U drugu zdjelu prosijte kakao prah, bademovo brašno, sodu bikarbonu i prstohvat soli. Miješajte dok se dobro ne sjedini.
f) Postupno dodajte suhe sastojke mokrim sastojcima, miješajte dok ne dobijete glatku smjesu.
g) Ako želite, ubacite male komadiće čokolade za dodatni okus i teksturu čokolade.
h) Zagrijte pećnicu na 350°F (175°C). Podmažite i obložite papirom za pečenje tepsiju veličine 8x8 inča (20x20 cm).
i) Ulijte čokoladno tijesto od cvekle u pripremljenu posudu, ravnomjerno ga rasporedite.
j) Pecite u prethodno zagrijanoj pećnici 20-25 minuta ili dok čačkalica zabodena u sredinu ne izađe van sa samo nekoliko vlažnih mrvica.
k) Pustite da se čokolada od cvekle ohladi u tavi oko 10 minuta, a zatim je pomoću pergamentnog papira izvadite. Stavite ga na rešetku da se potpuno ohladi.
l) Kad se ohladi, narežite čokoladu od cvekle na kvadrate ili pločice.

17. Haš za ukrajinski doručak

SASTOJCI:

- 10 Yukon gold ili russet krumpira nasjeckanih na kockice
- 2 žlice svježeg mladog kopra, nasjeckanog
- 1 glavica luka (srednja) nasjeckana
- ⅔ šalice tekućine od kiselog kupusa ocijeđenog i sitno nasjeckanog,
- 1 kolut duplo dimljene ukrajinske kobasice od 375 grama, narezan na kolutiće
- 2 ½ šalice narezanih gljiva
- 1 zelena paprika nasjeckana
- 2 žlice biljnog ulja
- 3 žlice maslaca
- 1 šalica suhog svježeg sira
- 2 zgnječena češnja češnjaka d
- 1 žličica soli
- ½ žličice papra
- jaja

UPUTE:

a) Nasjeckajte krumpir na kockice i kuhajte ga u mikrovalnoj pećnici na nepokrivenom tanjuru/plitici otprilike 15 minuta ili dok vilica ne prođe kroz komade krumpira, ali oni još uvijek budu čvrsti/drže oblik.

b) U međuvremenu: zagrijte ulje u velikoj tavi/tavi na srednje jako i pirjajte kubassu /kielbasu 3-4 minute, redovito miješajući i okrećući, zatim izvadite na tanjur. Staviti na stranu.

c) Dodajte još 1 žlicu ulja za kuhanje u tavu, zatim pirjajte zelenu papriku, luk i češnjak na srednje niskoj razini 5 minuta. Dodajte gljive i kuhajte još 3-4 minute. Odvojite u posebnu zdjelu.

d) Dodajte maslac u tavu i kuhajte krumpir, redovito miješajući i okrećući, 15 minuta dok ne porumeni izvana i omekša iznutra.

e) Zatim dodajte mješavinu zelene paprike/luka natrag u tavu, kao i kubassu, kiseli kupus, suhi svježi sir, posudu i kuhajte, miješajući, još otprilike 10 minuta.

f) Ako koristite jaja: skuhajte jaja po svom ukusu i stavite ih na rižu.

18. Kiflice od čilija i oraha

SASTOJCI:
- 2 mrkve, nasjeckane
- 1 žlica soka od limuna
- 5 listova norija , narezanih na duge trake
- 1½ šalice oraha
- ½ šalice kiselog kupusa
- 5 natopljenih sušenih rajčica
- ¼-½ svježeg čilija
- ½ šalice origana, svježeg
- ¼ crvene paprike

UPUTE:
a) U procesoru hrane izmiksajte orahe dok se grubo ne nasjeckaju.
b) Pomiješajte mrkvu, sušene rajčice, čili, origano, papar i limun.
c) Napunite zdjelu do pola umakom.
d) U trakicu norija dodajte 3 žlice umaka od orašastih plodova i kiseli kupus.
e) Smotajte.

19. Probiotička salata od kupusa

SASTOJCI:
- 4 šalice nasjeckanog kupusa (zelenog i crvenog)
- 1 šalica naribane mrkve
- ½ šalice običnog jogurta (sa živim aktivnim kulturama)
- 2 žlice majoneze
- 1 žlica jabučnog octa
- 1 žlica meda
- 1 žličica Dijon senfa
- Posolite i popaprite po ukusu
- 2 žlice svježeg kopra, nasjeckanog (po želji, za ukras)

UPUTE:
a) U velikoj zdjeli za miješanje pomiješajte nasjeckani kupus i naribanu mrkvu.
b) U zasebnoj zdjeli pomiješajte obični jogurt, majonezu, jabučni ocat, med, dijon senf, sol i papar kako biste napravili preljev za salatu od kupusa.
c) Preljevom prelijte kupus i mrkvu. Sve zajedno miješajte dok se povrće dobro ne prekrije.
d) Pokrijte kupus salatu i stavite u hladnjak na najmanje 30 minuta da se okusi prožmu.
e) Prije posluživanja ukrasite svježim koprom.

20.Salata od fermentiranih krastavaca

SASTOJCI:
- 2 velika krastavca, tanko narezana
- 1 manji crveni luk narezan na tanke ploške
- ½ šalice običnog jogurta (sa živim aktivnim kulturama)
- 2 žlice jabučnog octa
- 1 žlica meda
- 1 žličica korova kopra
- Posolite i popaprite po ukusu
- Svježi kopar ili peršin za ukras (po želji)

UPUTE:
a) U velikoj zdjeli pomiješajte krastavce narezane na tanke ploške i crveni luk.
b) U zasebnoj zdjeli pomiješajte čisti jogurt, jabučni ocat, med, kopar, sol i papar kako biste napravili preljev.
c) Dresing prelijte preko krastavaca i luka. Lagano promiješajte da se povrće ravnomjerno prekrije.
d) Pokrijte zdjelu i ostavite u hladnjaku najmanje 1 sat da se okusi prožmu. Noćenje je još bolje.
e) Prije posluživanja ukrasite svježim koprom ili peršinom.
f) Fermentiranu salatu od krastavaca poslužite kao hladan prilog bogat probioticima ili kao osvježavajući međuobrok.

21. Zalogaji torte od sira s probiotikom

SASTOJCI:
ZA KORE:
- 1 šalica mrvica graham krekera
- 2 žlice otopljenog maslaca

ZA NADJEV:
- 8 oz krem sira, omekšali
- ½ šalice običnog jogurta (sa živim aktivnim kulturama)
- ¼ šalice meda
- 1 žličica ekstrakta vanilije
- Korica od 1 limuna (po želji)

UPUTE:
ZA KORE:
a) U zdjeli pomiješajte mrvice graham krekera i otopljeni maslac. Miješajte dok se mrvice ravnomjerno ne prekriju maslacem.
b) Kalup za mini muffine obložite papirnatim podlogama.
c) Utisnite žlicu mješavine graham krekera na dno svake papirnate podloge kako biste stvorili koricu za svoje probiotičke torte od sira.

ZA NADJEV:
d) U zdjeli za miješanje tucite omekšali krem sir dok ne postane gladak i kremast.
e) Dodajte obični jogurt, med, ekstrakt vanilije i koricu limuna (ako koristite) u krem sir. Miješajte dok se svi sastojci dobro ne sjedine i fil ne postane gladak.
f) Žlicom rasporedite nadjev za tortu od sira preko kora graham krekera u kalupu za muffine.
g) Zamrznite zalogaje kolača od sira najmanje 2 sata ili dok ne postanu čvrsti.
h) Poslužite svoje probiotičke torte od sira kao divan i pikantan desert.

KONZERVA

22.Pivski umak od trešnje

SASTOJCI:
- 1 šalica piva od višanja
- ½ šalice pileće ili goveđe juhe
- ¼ šalice konzerviranih višanja
- 2 žlice balzamičnog octa
- 1 žlica kukuruznog škroba (po želji, za zgušnjavanje)
- Posolite i popaprite po ukusu

UPUTE:
a) U loncu pomiješajte pivo od višanja, juhu, konzervirane višnje i balzamični ocat.
b) Pustite da lagano kuha na srednjoj vatri i kuha 10-15 minuta.
c) Ako volite gušći umak, pomiješajte kukuruzni škrob s malo vode da dobijete kašu i umiješajte u umak. Kuhajte dok se ne zgusne.
d) Posolite i popaprite.

23. Puffs od karamele i jabuke

SASTOJCI:
KREMNJAČICE:
- ½ šalice + 1 žlica vode
- ½ šalice + 1 žlica punomasnog mlijeka
- ½ žličice šećera
- ½ žličice fleur de sel
- ½ šalice neslanog maslaca
- ¾ šalice + 2 žlice brašna
- 4 jaja

KRUPNE KONZERVE OD JABUKA:
- 5 jabuka, oguljenih, očišćenih od koštice i narezanih na kockice
- ½ šalice soka od jabuke ili jabukovače
- 1½ žlice soka od limuna
- ½ žličice mljevenog cimeta
- 1 šalica šećera
- ½ žlice paste od mahune vanilije

SLANI KARAMEL UMAK:
- ½ šalice šećera
- 3 žlice neslanog maslaca, narezanog na kockice
- ¼ šalice gustog vrhnja (za šlag) (na sobnoj temperaturi)
- ¾ žličice fleur de sel (ili druge morske soli)
- ½ žličice paste od mahune vanilije

KARAMEL KREMA:
- ¼ šalice kukuruznog škroba
- ¼ šalice šećera
- 4 žumanjka
- 2 šalice punomasnog mlijeka
- ⅓ šalice slanog karamel umaka
- 1 žličica paste od mahune vanilije
- 2 žlice neslanog maslaca (narezanog na kockice i omekšalog)

UPUTE:
ZA KREMAŠNICE (CHOUX PECIVA):
a) Zagrijte pećnicu na 400°F i obložite lim za pečenje papirom za pečenje ili silikonskom podlogom za pečenje.
b) U srednje velikoj tavi pomiješajte vodu, mlijeko, šećer, sol i maslac. Neka smjesa zavrije na srednje jakoj vatri.

c) Dodajte brašno dok je još na vatri i miješajte drvenom kuhačom dok smjesa ne postane glatka i sjajna, povlačeći se od stijenki posude.
d) Prebacite smjesu u zdjelu samostojećeg miksera i na maloj brzini dodajte jedno po jedno jaje, pazeći da je svako jaje u potpunosti ugrađeno prije dodavanja sljedećeg.
e) Izvaljajte choux tijesto na pripremljeni lim za pečenje, oblikujući hrpice udaljene oko 2 inča, svaka veličine otprilike 2 inča u promjeru i ¾ inča visine.
f) Pecite kremšnite u prethodno zagrijanoj pećnici uz određenu temperaturu i vremenski slijed te ih ostavite da se ohlade nakon pečenja.

ZA KRUPNE KONZERVE OD JABUKA:
g) Pomiješajte jabuke, sok od jabuke ili jabukovače, sok od limuna i cimet u loncu i kuhajte dok jabuke ne omekšaju.
h) Dodajte šećer i pastu od mahune vanilije, nastavite kuhati dok jabuke ne postanu guste, komadiće.
i) Pustite da se konzerve ohlade prije nego što ih upotrijebite u kremšnitama.

ZA SLANI KARAMEL UMAK:
j) Rastopite šećer u loncu na srednje jakoj vatri dok ne postane tamno jantarne boje.
k) Pažljivo dodajte maslac i umutite da se sjedini, zatim dodajte vrhnje, sol i pastu od mahune vanilije.
l) Premjestite karamel umak u zdjelu ili staklenku da se ohladi.

ZA KARAMEL KREMU:
m) U zdjeli otpornoj na toplinu pomiješajte kukuruzni škrob, šećer i žumanjke.
n) Mlijeko i slani karamel umak zagrijte u loncu do vrenja pa dio vruće polako ulijevajte u smjesu od jaja da se jaja temperiraju.
o) Ulijte temperiranu smjesu jaja natrag u lonac i kuhajte dok se ne zgusne, zatim dodajte pastu od mahune vanilije i maslac.
p) Slastičarsku kremu potpuno ohladite prije upotrebe.

ZA MONTAŽU:
q) Ohlađene kremšnite razdijelite i dno napunite slastičarskom kremom.
r) Prelijte slastičarsku kremu dijetom od jabuka.
s) Položite vrhove kremšnita na konzerve i pokapajte slanim karamel umakom.

24. Cruffini s krem sirom od malina

SASTOJCI:
- 3 (8 unca) tube tijesta za rolade u obliku polumjeseca
- 1 šalica (8 unci) krem sira, potpuno omekšalog
- ½ šalice konzervirane maline
- 1 šalica šećera u prahu
- 2 žlice mlijeka

UPUTE:
a) Zagrijte pećnicu na 350°F.
b) Lagano namastite kalup za muffine s 12 šalica nelјepljivim sprejom za kuhanje. Staviti na stranu.
c) Razvaljajte svaki list tijesta za roladu u obliku polumjeseca dok ne dobijete 3 veća pravokutnika koji su malo veći od onoga s čime ste počeli, a perforirane linije se ponovno ne spoje.
d) Svaki list premažite tankim slojem krem sira.
e) Zatim namažite tankim slojem maline.
f) Počevši od duljeg kraja pravokutnika, zarolajte tijesto u cjepanicu.
g) Prerežite tijesto na pola, dajući vam kraće trupce.
h) Zatim prerežite svaki od tih trupaca na pola, po dužini.
i) Ponovite s druga dva lista. Kada ste gotovi, trebali biste imati 12 komada.
j) Uzmite svaki komad i omotajte ga oko prsta da dobijete oblik muffina, sa slojevitom stranom prema van.
k) Svaki zarolani stavite u podmazan kalup za muffine.
l) Pecite oko 18-20 minuta, okrećući tepsiju na pola vremena pečenja.
m) U međuvremenu, kako biste napravili glazuru, pomiješajte šećer u prahu i mlijeko u maloj posudi za miješanje i miksajte dok ne postane glatko i glatko.
n) Izvadite cruffine iz pećnice i odmah ih izvadite iz posude na rešetku za hlađenje postavljenu preko obrubljenog lima za pečenje.
o) cruffin obilato prelijte glazurom. Poslužite toplo ili na sobnoj temperaturi.

25. Pločice s malinom i limunom bez pečenja

SASTOJCI:
- 2 šalice mrvica graham krekera
- ½ šalice otopljenog maslaca
- 16 unci krem sira, omekšalog
- 1 šalica šećera u prahu
- Korica od 2 limuna
- 1 šalica konzerviranih malina
- Svježe maline za ukras

UPUTE:
a) U zdjeli za miješanje pomiješajte mrvice graham krekera i otopljeni maslac. Miksaj dok se mrvice ne prekriju .
b) Utisnite smjesu od mrvica na dno pravokutne posude za pečenje kako biste stvorili koricu.
c) U posebnoj zdjeli izmiksajte krem sir, šećer u prahu i koricu limuna dok ne postane glatko i kremasto.
d) Smjesu krem sira premažite preko kore u tepsiji.
e) Preko sloja krem sira stavljajte žlice konzervi od malina i lagano vrtite nožem.
f) Ostavite u hladnjaku najmanje 4 sata ili dok se ne stegne.
g) Prije posluživanja ukrasite svježim malinama.

26. Šifon kolač od marelice bez pečenja

SASTOJCI:
- 2 šalice mrvica graham krekera
- ½ šalice neslanog maslaca, otopljenog
- 1 (8 unci) pakiranje krem sira, omekšalog
- ½ šalice šećera u prahu
- 1 žličica ekstrakta vanilije
- 1 šalica tučenog vrhnja
- 1 šalica konzerviranih marelica
- 1 žlica želatine
- ¼ šalice vode

UPUTE:
a) Slijedite korake 1-6 iz prethodnog recepta za pripremu kore od graham krekera i nadjeva od krem sira.
b) U maloj posudi prikladnoj za mikrovalnu pećnicu pospite želatinu vodom i ostavite 5 minuta da omekša.
c) Stavite smjesu želatine u mikrovalnu oko 20 sekundi ili dok se želatina potpuno ne otopi . Neka se malo ohladi.
d) U posebnoj zdjeli umutite čvrsto vrhnje dok se ne formiraju mekani vrhovi.
e) Nježno umiješajte šlag u smjesu od krem sira.
f) Ohlađenu smjesu želatine postupno ulijevajte u smjesu od krem sira uz neprekidno savijanje.
g) Preko korice graham krekera rasporedite marelice.
h) Prelijte smjesu krem sira preko konzervi, ravnomjerno je rasporedite.
i) Pokrijte posudu plastičnom folijom i ostavite u hladnjaku najmanje 4 sata ili preko noći da se stegne.
j) Kada se stegne, uklonite stijenke kalupa i narežite kolač od sira za posluživanje.

27. Trešnja Boule-de-Neige

SASTOJCI:
TORTA
- Neljepljivo biljno ulje u spreju
- ⅓ šalice konzerviranih višanja
- 2 žlice kirša
- 1 ½ šalice sušenih trpkih višanja
- 1 funta gorko-slatke čokolade, nasjeckane
- 1 šalica (2 štapića) neslanog maslaca
- 1 ¼ šalice šećera
- 1 žličica ekstrakta vanilije
- 6 velikih jaja
- ⅓ šalice višenamjenskog brašna

KIRSCH ŠLAG VRHNJE
- 2 šalice ohlađenog vrhnja za šlag
- ¼ šalice šećera u prahu
- 4 žličice kirscha (bistre rakije od višanja)
- ¼ žličice ekstrakta badema
- 16 kandiranih latica ljubičica

UPUTE:
ZA TORTU:
a) Postavite rešetku u najnižu trećinu pećnice i zagrijte je na 350°F. Obložite metalnu zdjelu od 10 šalica folijom koja se proteže 3 inča preko stranica. Poprskajte foliju neljepljivim sprejem. Pomiješajte konzerve s kirschom u srednjoj tavi na srednjoj vatri dok se konzerve ne otope.

b) Dodajte sušene trešnje; dovesti do vrenja. Pokriti; maknuti s vatre. Neka se ohladi.

c) Otopite čokoladu s maslacem u teškoj velikoj tavi na srednje niskoj vatri, miješajući dok smjesa ne postane glatka. Maknite s vatre.

d) Umutiti šećer i vaniliju, zatim umutiti 1 po 1 jaje. Umiješajte brašno, zatim smjesu od višanja. Prebacite tijesto u pripremljenu zdjelu.

e) Pecite kolač u zdjeli 30 minuta. Presavijte gornji dio folije preko rubova torte kako biste spriječili da previše porumeni.

f) Nastavite peći kolač sve dok vrh ne popuca i osuši se, a tester umetnut u sredinu ne izađe van s vlažnim tijestom, oko 55 minuta duže. Kolač potpuno ohladite u zdjeli na rešetki (kolač može pasti na sredinu).

g) Čvrsto pritisnite rub kolača da se poravna sa središtem kolača. Pokrijte i ostavite stajati na sobnoj temperaturi preko noći.

ZA KIRSCH ŠLAG:

h) Pomoću električne miješalice tucite vrhnje, šećer u prahu, kirsch i ekstrakt badema u velikoj zdjeli dok krema ne zadrži vrhove.

i) Preokrenite kolač na pladanj. Odlijepite foliju. Žlicom stavite šlag u veliku slastičarsku vrećicu sa srednjim zvjezdastim vrhom. Zvjezdice od tučenog vrhnja nanesite preko kolača tako da ga potpuno prekrijete. Zalijepite dodatne zvjezdice preko gornjeg ravnog središta torte kako biste oblikovali kupolu.

j) Ukrasite ušećerenim ljubičicama.

28.Maslac od kikirikija i žele banana kruh

SASTOJCI:
- 8 žlica (1 štapić) neslanog maslaca, plus još za tavu, na sobnoj temperaturi
- 1 ¼ šalice nebijeljenog višenamjenskog brašna
- 1 žličica sode bikarbone
- ½ žličice fine soli
- ¾ šalice maslaca od kikirikija
- ½ žličice čistog ekstrakta vanilije
- 2 velika jaja, sobne temperature
- 1 šalica šećera
- 3 vrlo zrele banane, oguljene i izgnječene vilicom (oko 1 šalice)
- ¾ šalice nasjeckanog kikirikija
- ¾ šalice konzervirane jagode

UPUTE:
a) Zagrijte pećnicu na 350 stupnjeva Fahrenheita (175 stupnjeva Celzija). Lagano premažite maslacem kalup za kruh veličine 9 x 5 x 3 inča.
b) Prosijte brašno, sodu bikarbonu i sol u zdjelu srednje veličine. Dodajte maslac od kikirikija i izmiješajte da se sjedini.
c) Umutite vaniliju i jaja u posudi za mjerenje tekućine s nastavkom. Staviti na stranu.
d) U samostojećem mikseru opremljenom nastavkom s lopaticom ili električnim ručnim mikserom izmiksajte maslac i šećer dok ne postanu svijetli i pjenasti.
e) Uz mućenje postepeno ulijevati smjesu od jaja; tucite dok se ne uklopi.
f) Umiješajte zgnječene banane (tijesto će izgledati zgrušano, ali ne brinite), a zatim uklonite zdjelu iz miksera.
g) Gumenom lopaticom umiješajte smjesu brašna dok se ne sjedini. Umiješajte ½ šalice nasjeckanog kikirikija.
h) Dodajte dvije trećine tijesta u pripremljenu posudu.
i) Rasporedite ½ šalice konzerviranih jagoda preko tijesta, pazeći da ostavite rub od ½ inča između konzervi i stranica kalupa za kruh.
j) Preostalo tijesto rasporedite po sloju konzervi.
k) Pecite dok čačkalica zabodena u sredinu kruha ne izađe čista, oko 55 minuta.
l) Ohladite kruh u kalupu na rešetki 5 minuta, a zatim ga okrenite iz kalupa na rešetku.
m) Nakon što se malo ohladi, ali je još uvijek toplo, po vrhu rasporedite preostalu ¼ šalice konzerviranih jagoda. Pospite preostalom ¼ šalice nasjeckanog kikirikija.
n) Pustite da se potpuno ohladi prije rezanja i posluživanja.
o) Uživajte u maslacu od kikirikija i kruhu od žele banane!

29.Kokos trakice marelica

SASTOJCI:
- ½ šalice masti, pola maslaca
- ½ šalice slastičarskog šećera
- 2 žumanjka
- 1 šalica brašna
- ½ šalice guste marelice
- ½ šalice gustog konzerviranog ananasa
- Meringue od kokosa

UPUTE:
a) Zagrijte pećnicu na 350. Temeljito izmiješajte mast, šećer i žumanjke.
b) U smjesu šećera umiješajte brašno. Pritisnite i poravnajte da prekrijete dno nenamazanog duguljastog pleha.
c) Pecite 10 minuta. Izvadite iz pećnice i rasporedite konzerve, a zatim s meringueom.
d) Vratite u pećnicu I pecite oko 20 minuta dok Meringue ne porumeni.
e) Malo ohladite I narežite na male kolutiće.

30. Kroasani s malinama i krem sirom

SASTOJCI:
- Osnovno tijesto za kroasane
- 4 unce krem sira, omekšalog
- ¼ šalice konzervirane maline
- 1 jaje umućeno sa 1 žlicom vode
- Šećer u prahu za posipanje

UPUTE:
a) Tijesto za kroasan razvaljajte u veliki pravokutnik.
b) Tijesto izrežite na trokute.
c) U zdjeli za miješanje pomiješajte krem sir i konzervirane maline.
d) Smjesu krem sira rasporedite na donju polovicu svakog kroasana.
e) Vratite gornju polovicu kroasana i nježno pritisnite prema dolje.
f) Položite kroasane na lim za pečenje obložen papirom za pečenje, namažite ih jajima i ostavite da se dižu 1 sat.
g) Zagrijte pećnicu na 400°F (200°C) i pecite kroasane 20-25 minuta dok ne porumene.
h) Prije posluživanja pospite šećerom u prahu.

31.Kroasani s borovnicama i krem sirom

SASTOJCI:
- Osnovno tijesto za kroasane
- 4 unce krem sira, omekšalog
- ¼ šalice konzervirane borovnice
- 1 jaje umućeno sa 1 žlicom vode
- Šećer u prahu za posipanje

UPUTE:
a) Tijesto za kroasan razvaljajte u veliki pravokutnik.
b) Tijesto izrežite na trokute.
c) U zdjeli za miješanje pomiješajte krem sir i konzervirane borovnice.
d) Smjesu krem sira rasporedite na donju polovicu svakog kroasana.
e) Vratite gornju polovicu kroasana i nježno pritisnite prema dolje.
f) Položite kroasane na lim za pečenje obložen papirom za pečenje, namažite ih jajima i ostavite da se dižu 1 sat.
g) Zagrijte pećnicu na 400°F (200°C) i pecite kroasane 20-25 minuta dok ne porumene.
h) Prije posluživanja pospite šećerom u prahu.

32. Ledena torta od limuna s umakom od rabarbare

SASTOJCI:

ZA KORE:
- 3 šalice blanširanih narezanih badema, tostiranih (oko 12 unci)
- ½ šalice šećera
- 5 žlica otopljenog margarina
- ¼ žličice mljevenog cimeta
- ⅓ šalice konzervirane jagode

ZA TORTICU:
- 3 litre leda od limuna ili ananasa, šerbeta ili šerbeta
- 1 šalica šećera
- ½ šalice vode
- 1 mahune vanilije, razrezane po dužini

ZA UMAK OD JAGODA-RABARBARA:
- 1 vrećica od 20 unci smrznute nezaslađene rabarbare
- 1 vrećica od 20 unci smrznutih nezaslađenih jagoda
- 1 košarica od pola litre svježih jagoda
- Grančice svježe mente (za ukras)

UPUTE:

ZA KORE:
a) U sjeckalici pomiješajte pržene narezane bademe i šećer. Procesirati dok se ne usitne.
b) Premjestite smjesu badema i šećera u srednje veliku zdjelu.
c) Otopljeni margarin i mljeveni cimet umiješajte u smjesu od badema dok se dobro ne sjedine.
d) tavu promjera 9 inča. Upotrijebite plastičnu foliju kako biste smjesu badema čvrsto pritisnuli 2 inča uz rubove i ravnomjerno po dnu posude. Zamrznite koru na 15 minuta.
e) Zagrijte pećnicu na 350°F (175°C). Stavite posudu s korom na lim za kolačiće i pecite 20 minuta ili dok se korica ne stegne i postane lagano zlatna. Ako stranice kore skliznu tijekom pečenja, pritisnite ih natrag na mjesto stražnjom stranom vilice.
f) Tepsiju prebaciti na rešetku i ostaviti da se kora potpuno ohladi.
g) Rastopite konzervirane jagode u teškoj maloj tavi. U ohlađenu koru ulijte otopljenu koru i rasporedite je da prekrije dno. Neka se ohladi.

ZA TORTICU:

h) Led od limuna ili ananasa, šerbet ili sorbet vrlo malo omekšajte i rasporedite u tavi preko kore. Zamrznite dok se ne stegne. Ovaj korak možete pripremiti jedan dan unaprijed; samo pokrijte i zamrznite.

ZA UMAK OD JAGODA-RABARBARA:

i) U teškoj srednjoj tavi za umake pomiješajte ½ šalice šećera i ½ šalice vode. Ostružite sjemenke sa mahune vanilije i dodajte ih u lonac zajedno s razdvojenom mahunom vanilije. Pirjati 5 minuta.
j) Dodajte preostalih ½ šalice šećera i miješajte da se otopi.
k) Dodajte rabarbaru u lonac. Pustite da prokuha, zatim smanjite vatru, poklopite i kuhajte dok rabarbara ne omekša, što bi trebalo trajati oko 8 minuta.
l) Dodajte smrznute jagode u lonac i zakuhajte. Ostavite umak da se ohladi. Pokrijte i stavite u hladnjak dok se dobro ne ohladi. Ovaj korak možete pripremiti i jedan dan unaprijed.
m) Mahunu vanilije izvadite iz umaka.

SKUPŠTINA:

n) Malim oštrim nožem zarežite između kore i stijenki tepsije. Uklonite stranice posude.
o) Žlicom stavite ½ šalice umaka od jagode i rabarbare na sredinu torte.
p) Nabacite svježe jagode u sredinu i ukrasite grančicama svježe mente.
q) Tortu narežite na kriške i poslužite s dodatnim umakom.
r) Uživajte u svojoj divnoj ledenoj torti od limuna s umakom od rabarbare od jagode! To je osvježavajući i elegantan desert.

33. Mozzarella, pršut i džem od smokava na žaru

SASTOJCI:
- 4 meke francuske ili talijanske rolnice (ili polupečene ako ima)
- 10-12 unci svježe mozzarelle, debelo narezane
- 8 unci pršuta, tanko narezanog
- ¼-½ šalice džema od smokava ili konzerviranih smokava, po ukusu
- Mekani maslac za mazanje kruha

UPUTE:
a) Svaku rolicu razdvojite i slojite mozzarellom i pršutom. Gornje kriške namažite marmeladom od smokava, pa zatvorite.
b) Vanjski dio svakog sendviča premažite maslacem.
c) Zagrijte tešku neprianjajuću tavu ili prešu za panini na srednje jakoj vatri.
d) Stavite sendviče u tavu, radeći u dvije serije ovisno o veličini tepsije. Pritisnite sendviče ili zatvorite rešetku i pecite, okrećući jednom ili dvaput, dok kruh ne postane hrskav, a sir se otopi.
e) Iako su rolice na početku okrugle, nakon pritiska znatno su ravnije i mogu se lako okrenuti, iako pažljivo.

34.Kivi sitnica

SASTOJCI:
- 1 pakiranje smjese za instant puding od vanilije
- 1 pakiranje Ladyfingers
- 3 žlice šerija za kremu
- ¼ šalice konzerviranih jagoda
- 2 šalice izrezanog kivija
- 2 žlice prženih narezanih badema
- 4 unce Smrznuti preljev za desert, odmrznut

UPUTE:
a) Pripremite smjesu za instant puding od vanilije prema uputama na pakiranju . Staviti na stranu.
b) Ladyfingers narežite na kockice.
c) U zdjelu za posluživanje od 2 litre poslažite polovicu ladyfingersa narezanih na kocke.
d) Pospite polovicom šerija. Stavite polovinu konzervi.
e) Na vrh stavite polovinu kivija i polovinu badema.
f) Preko svega preliti pola pripremljenog pudinga. Ponovite slojeve počevši od preostalih ladyfingersa, šerija, konzervi, voća, badema i pudinga.
g) Ohladite do posluživanja.
h) Za posluživanje prelijte smrznutim preljevom za desert, odmrznutim.
i) Otprilike 10 minuta.

35. Breskva melba trifle

SASTOJCI:
- Dva pakiranja Ladyfingersa od 8 unci
- ¼ šalice plus 1 žlica suhog sherryja ili soka od naranče
- 1½ funte svježih breskvi, očišćenih i narezanih na kriške
- ½ šalice konzervirane crvene maline
- Limenka od 18 unci zaslađenog kondenziranog mlijeka
- 1½ šalice hladne vode
- Pakiranje od 8 unci mješavine instant pudinga od vanilije i nadjeva za pite
- 2 šalice vrhnja za šlag
- dodatne konzervirane crvene maline za ukras
- prženi bademi za ukras

UPUTE:

a) Obložite dno i stranu zdjele od 2 -½ do 3 litre s polovicama ženskih prstiju podijeljenim stranama prema gore. Premažite s 2 žlice šerija ili soka od naranče.

b) Odozgo stavite polovicu kriški breskve. Žlicom prelijte konzerve na breskve i ostavite sa strane. U velikoj zdjeli miksera pomiješajte kondenzirano mlijeko i vodu.

c) Dodati smjesu za puding, dobro umutiti. Stavite u hladnjak na 5 do 10 minuta.

d) U maloj zdjeli miksera umutite vrhnje za šlag dok se ne stvore čvrsti vrhovi.

e) Umiješajte u ohlađenu smjesu pudinga s 1 žlicom preostalog sherryja ili soka od naranče. Žlicom prelijte polovicu konzervi u zdjelu.

f) Prelijte preostalim ladyfingersom, šerijem ili sokom od naranče i smjesom od pudinga.

g) Pokrijte i stavite u hladnjak na najmanje 2 sata. Ukrasite dodatnim malinama i bademima neposredno prije posluživanja. Za tostiranje badema stavite jedan sloj na lim za pečenje.

h) Pecite na 300 stupnjeva 5 do 7 minuta ili dok vrlo lagano ne porumene. Potpuno ohladiti.

36.Šljiva Dacquoise

SASTOJCI:

- 6 bjelanjaka
- ¼ žličice tartar kreme
- 1 šalica plus 3 žlice granuliranog šećera, podijeljeno
- 1½ šalice prženih badema
- 1 žličica ekstrakta vanilije
- Ganache od bijele čokolade
- Amaretto krema od maslaca
- 1 šalica konzerviranih šljiva
- 2 šalice prženih narezanih badema
- Ukras: cijeli badem, narezane šljive, uvojci bijele čokolade

UPUTE:

a) Zagrijte pećnicu na 250°F. Obložite 2 lima za pečenje papirom za pečenje.
b) U velikoj zdjeli mikserom velikom brzinom tucite bjelanjke i tartar kremu dok smjesa ne postane pjenasta.
c) Postupno dodajte 3 žlice šećera, tukući dok se ne formiraju čvrsti vrhovi.
d) U radnoj zdjeli procesora hrane pomiješajte pržene bademe i preostalu 1 šalicu šećera. Procesirajte dok se bademi ne samelju (otprilike konzistencije grubog pijeska na plaži).
e) Mješavinu od badema lagano umiješajte u smjesu od bjelanjaka. Umiješajte ekstrakt vanilije.
f) Žlicom stavite smjesu u veliku vrećicu s velikim okruglim vrhom.
g) 4 pravokutnika (10x4 inča) na pripremljene posude. Koristeći offset lopaticu, nježno zagladite površinu meringue.
h) Pecite dok meringue ne budu čvrste, oko 3 sata. Isključite pećnicu i ostavite meringue u pećnici sa zatvorenim vratima 6 sati.
i) Koristeći nazubljeni nož, vrlo nježno podrežite meringue kako bi sve strane bile ravne i sve meringe ujednačene veličine.
j) Stavite žičanu rešetku preko papira za pečenje. Postavite 3 meringue na rešetku. Ravnomjerno rasporedite ¼ šalice ganachea od bijele čokolade preko svake meringue i pokrijte preostali ganache plastičnom folijom. Stavite meringue u hladnjak dok se ganache ne stegne, oko 15 minuta.
k) Koristeći offset lopaticu, premažite vrh preostale meringue s ⅓ šalice Amaretto Buttercream; stavite ga na tanjur za posluživanje.

l) Namažite s ⅓ šalice konzervi. Okrenite 1 meringue premazan ganacheom, stavite ga preko konzervi i nježno pritisnite da se poravna. Ponovite postupak, premažući meringue s ⅓ šalice kreme od maslaca i ⅓ šalice konzervi, te prelijte obrnutim meringu premazanim ganacheom.

m) Premažite vrh s ⅓ šalice kreme od maslaca i preostalom ⅓ šalice konzervi. Preokrenite zadnju meringu premazanu ganacheom na vrh torte.

n) Jednom rukom učvrstite vrh torte; premažite polovicom preostale kreme od maslaca kako biste lagano premazali stranice torte, a zatim preostalom kremom od maslaca premažite vrh torte.

o) Zagladite dok torta ne bude poput kutije.

p) Stavite u hladnjak dok se puter krema ne stegne, oko 2 sata.

q) U zdjeli otpornoj na toplinu postavljenoj iznad vode koja ključa, zagrijte preostali ganache dok ne postane sipak, ali ne vruć.

r) Brzo namažite tanki sloj ganachea preko vrha i stranica torte. U stranice torte odmah utisnite narezane bademe.

s) Ostavite u hladnjaku najmanje 3 sata ili najviše 2 dana. Po želji ukrasite cijelim bademima, kriškama šljive i kovrčama bijele čokolade.

37.Tost s jagodama i krem sirom

SASTOJCI:
- 8 srednje debelih kriški mekog, slatkog bijelog kruha, poput kala ili brioša
- 8-12 žlica (oko 8 unci) krem sira (nisko masnoće je u redu)
- Otprilike ½ šalice konzerviranih jagoda
- 1 šalica (oko 10 unci) narezanih jagoda
- 2 velika jaja, lagano tučena
- 1 žumanjak
- Oko ½ šalice mlijeka (niska masnoća je u redu)
- Malo ekstrakta vanilije
- Šećer
- 2-4 žlice neslanog maslaca
- ½ žličice svježeg soka od limuna
- ½ šalice kiselog vrhnja
- Nekoliko grančica svježe metvice, tanko narezanih

UPUTE:
a) 4 kriške kruha debelo namažite kremom od sira, malo sužavajući prema stranama kako krem sir ne bi iscurio tijekom kuhanja, a zatim namažite ostale 4 kriške kruha konzervama.
b) Pospite lagani sloj jagoda preko vrha kreme od sira.
c) Prekrijte svaki komad kruha namazanog sirom komadom kruha namazanim konzerviranim kruhom. Lagano, ali čvrsto pritisnite da se zatvori.
d) U plitkoj zdjeli pomiješajte jaja, žumanjak, mlijeko, ekstrakt vanilije i oko 1 žlicu šećera.
e) Zagrijte tešku neljepljivu tavu na srednje jakoj vatri. Dodajte maslac. Umočite svaki sendvič, 1 po jedan, u zdjelu s mlijekom i jajetom. Pustite da se upije trenutak ili dva, zatim ga okrenite i ponovite.
f) Stavite sendviče u vruću tavu s otopljenim maslacem i pustite da se kuhaju dok ne porumene. Okrenite i lagano zapržite drugu stranu.
g) U međuvremenu pomiješajte preostale jagode sa šećerom po ukusu i limunovim sokom.
h) Svaki sendvič poslužite čim je gotov, ukrašen sa žlicom ili 2 jagode i malo kiselog vrhnja.
i) Pospite ih i malo mente.

38.Torta od piletine, Queso Fresco i Gouda

SASTOJCI:
- 2 kobasice od kadulje/začinskog bilja (oko 14 unci)
- 6 unci naribanog sira Jack ili Asiago srednje veličine
- 2 žlice (oko 2 unce) svježe naribanog starog sira kao što je parmezan, Locatelli Romano ili suhi sir
- 2 zelena luka, tanko narezana
- 3 žličice kiselog vrhnja prstohvat sjemenki kumina mali prstohvat kurkume mrlja smeđe senfa
- Prstohvat kajenskog papra ili nekoliko kapi umaka od ljutih papričica
- 8 tankih kriški kruha od cjelovitih žitarica
- 3 žlice ekstra djevičanskog maslinovog ulja
- 3 češnja češnjaka, tanko narezana
- 2 konzervirana limuna u marokanskom stilu, dobro isprana i narezana na ploške
- 2 žličice sitno nasjeckanog svježeg plosnatog peršina

UPUTE:
a) Grubo narežite kobasice, a zatim ih brzo zapecite na srednje jakoj vatri u maloj tavi koja se ne lijepi. Izvadite iz kalupa, stavite na papirnate ubruse i ostavite da se ohlade. Ostavite posudu na štednjaku i ugasite vatru.

b) U srednjoj posudi pomiješajte 2 sira sa zelenim lukom, kiselim vrhnjem, sjemenkama kumina, kurkumom, senfom i kajenskim paprom. Kad se kobasica ohladi pomiješajte je sa sirom.

c) Natrpajte 4 kriške kruha mješavinom sira i kobasica, a zatim na vrh stavite drugi komad kruha. Dobro utapkajte i lagano ali čvrsto pritisnite da se sendvič drži zajedno.

d) Ponovno zagrijte tavu na srednje jakoj vatri i dodajte otprilike polovicu maslinovog ulja i češnjak, zatim gurnite češnjak na jednu stranu i dodajte 1 ili 2 sendviča, koliko god tava stane. Kuhajte dok lagano ne postane hrskavo s jedne strane i dok se sir ne počne topiti.

e) Okrenite i pecite drugu stranu dok ne porumeni. Izvadite na tanjur i ponovite s ostalim sendvičima, češnjakom i uljem. Možete baciti lagano zapečeni češnjak ili ga grickati; što god učinili, izvadite ga iz tave prije nego što pocrni jer će dati gorak okus ulju ako zagori.

f) Sendviče poslužite odmah vruće, narezane na trokute, posute konzerviranim limunom i nasjeckanim peršinom.

39.Mozzarella, pršut i džem od smokava na žaru

SASTOJCI:
- 4 meke francuske ili talijanske rolnice (ili polupečene ako ima)
- 10-12 unci svježe mozzarelle, debelo narezane
- 8 unci pršuta, tanko narezanog
- ¼-½ šalice džema od smokava ili konzerviranih smokava, po ukusu
- Mekani maslac za mazanje kruha

UPUTE:
f) Svaku rolicu razdvojite i slojite mozzarellom i pršutom. Gornje kriške namažite marmeladom od smokava, pa zatvorite.
g) Vanjski dio svakog sendviča premažite maslacem.
h) Zagrijte tešku neprianjajuću tavu ili prešu za panini na srednje jakoj vatri.
i) Stavite sendviče u tavu, radeći u dvije serije ovisno o veličini tepsije. Pritisnite sendviče ili zatvorite rešetku i pecite, okrećući jednom ili dvaput, dok kruh ne postane hrskav, a sir se otopi.
j) Iako su rolice na početku okrugle, nakon pritiska znatno su ravnije i mogu se lako okrenuti, iako pažljivo.

40. Carbquik Drop Danski

SASTOJCI:
- 2 šalice Carbquik mješavine
- ¼ šalice maslaca, omekšalog
- 2 žlice Splenda (možete prilagoditi ukusu)
- ⅔ šalice gustog vrhnja
- ¼ šalice konzervi bez šećera (bilo koji okus)

KIŠICA VANILIJE:
- 1 žlica tople vode
- ¾ šalice Splenda (samlevena u prah u procesoru hrane)
- ¼ žličice vanilije

UPUTE:
a) Zagrijte pećnicu na 450ºF (232ºC). Kalup za kekse pošpricajte sprejom za kuhanje ili ga lagano namažite maslom.
b) U srednjoj zdjeli pomiješajte Carbquik mješavinu, omekšali maslac i Splenda dok smjesa ne postane mrvičasta. Umiješajte gusto vrhnje dok ne dobijete tijesto; udarite oko 15 udaraca.
c) Spuštajte tijesto zaobljenim žlicama na pripremljeni lim za kekse, razmaknuvši ih oko 2 inča. Napravite plitku udubinu u sredini svake sa stražnjom stranom žlice umočenom u vodu i napunite svaku udubinu s 1 žličicom konzervi bez šećera.
d) Pecite 10 do 15 minuta ili dok peciva ne porumene.
e) Dok su peciva još topla premažite ih Vanilla Drizzle.

KIŠICA VANILIJE:
f) U zasebnoj zdjeli pomiješajte toplu vodu, Splenda u prahu i vaniliju.
g) Ovom smjesom pokapajte svježe pečena peciva.

41. Preokrenuti kolač od breskve i medenjaka

SASTOJCI:

- 4 breskve (oguljene, bez koštica i narezane na ¼ inča debljine)
- 1 ½ šalice višenamjenskog brašna
- 1 ½ žličice sode bikarbone
- ⅓ šalice melase
- ¾ šalice kipuće vode
- 2 jaja
- ¾ šalice granuliranog šećera
- ⅓ šalice neslanog maslaca (otopljenog)
- 8 breskvi (također oguljenih, bez koštica i narezanih na ¼ inča debljine)
- ¼ šalice neslanog maslaca (otopljenog)
- 6 žlica tamno smeđeg šećera (pakirano)
- ½ šalice konzervirane breskve ili marelice

UPUTE:

a) Zagrijte pećnicu na 350 stupnjeva Fahrenheita (175 stupnjeva Celzija).
b) s oprugom od 12 inča . Kružno posložite 4 breskve narezane na ploške u pleh i ostavite sa strane.
c) Prosijte brašno i sodu bikarbonu i ostavite sa strane.
d) U posebnoj zdjeli pomiješajte melasu i kipuću vodu i ostavite sa strane.
e) U zdjeli za miješanje tucite jaja i granulirani šećer 5 do 10 minuta dok smjesa ne postane svijetla i pjenasta.
f) Postupno dodavati otopljeni maslac nastavljajući mutiti smjesu.
g) Naizmjenično dodajte mješavinu brašna i mješavinu melase u smjesu jaja, miješajući dok ne postane glatka.
h) Izlijte tijesto preko breskvi u kalupu za pečenje .
i) Stavite tavu na središnju rešetku u prethodno zagrijanu pećnicu i pecite 45 minuta ili dok čačkalica zabodena u sredinu torte ne izađe čista. Izvadite kolač iz pećnice i ostavite da se ohladi.
j) U tavi pirjajte preostale kriške breskve na ¼ šalice otopljenog maslaca i 6 žlica smeđeg šećera dok ne omekšaju, ali ne budu kašaste, oko 6 do 8 minuta. Izvadite ih iz ringle i ostavite da se ohlade.
k) Preokrenite kolač na pladanj za posluživanje tako da breskve budu na vrhu. Ohlađene ploške breskve rasporedite po vrhu torte.
l) Na vrhu kuhala otopite konzerviranu breskvu ili marelicu i njome obilato premažite narezane breskve.
m) Uživajte u staromodnom naopakom kolaču od breskve i medenjaka! Savršen je za divan desert s divnim okusima breskvi i medenjaka.

42. Kolač s kremom od malina

SASTOJCI:
- Pakiranje krem sira od 3 unce
- ¼ šalice margarina
- 2 šalice Bisquick mješavine
- ¾ šalice mlijeka
- ½ šalice džema od crvenih malina
- 1 šalica šećera u prahu
- 2 žlice mlijeka
- ½ žličice vanilije

UPUTE:

a) Narežite krem sir i margarin u Biskvit i pomiješajte dok ne postanu mrvice.

b) Umiješajte mlijeko. Okrenite tijesto na pobrašnjenu površinu i premijesite 8-10 puta, na voštanom papiru, i razvaljajte tijesto u pravokutnik 12x8.

c) Stavite u podmazan pleh i uklonite papire.

d) Rasporedite konzerve niz sredinu tijesta oko 3 širine.

e) Na dužoj strani napravite 2½ rezove u 1 razmaku. Trake preklopiti preko nadjeva.

f) Pecite u pećnici na 425 stupnjeva F 12-15 minuta, pomiješajte šećer, mlijeko i vaniliju; pokapajte po malo ohlađenom kolaču od kave.

43. Schwarzwald francuski tost

SASTOJCI:
- 2 kriške challah kruha, debelo narezane
- 2 jaja
- 2 - 3 žlice pola-pola, ili mlijeka
- 4-6 žlica šećera
- 2 - 3 žlice Hershey kakaa, nezaslađenog cca.
- 1 žličica vanilije
- 1 žličica cimeta, mljevenog
- 1 prstohvat soli
- 2 - 3 žlice krem sira, ili šlag sira

PRELJEV ZA FRANCUSKI TOST
- 1 boca Hershey's posebnog sirupa od tamne čokolade
- 1 staklenka konzerve od višanja ili pekmeza od višanja
- 1 staklenka griottina (višnje u kirschu)
- 1 konzerva šlaga
- ¼ c komadića poluslatke čokolade

UPUTE:

a) Uzmite prilično veliku zdjelu za pripremu smjese za umakanje tosta.
b) Dodajte svoja jaja i umutite ih. Zatim dodajte pola i pola , vaniliju, cimet, steviju i Hershey's kakao.
c) Sve ovo umutiti. Bit će potrebno malo mućenja da se čokolada sjedini, ali hoće nakon nekoliko minuta.
d) Zagrijte pećnicu na 350 ili upotrijebite toster.
e) U tavi zagrijte ulje ili maslac.
f) Sada uzmite jednu krišku kruha i umočite je u smjesu da se zasiti, okrenite je i uzmite i drugu stranu. Ponovite za drugu krišku.
g) Otresite višak i stavite u tavu da se kuha. Pecite dok obje strane ne poprime lijepu i hrskavu boju.
h) Stavite jednu krišku tosta na tanjur i obilato dodajte malo krem sira i pospite komadićima čokolade.
i) Dodajte svoju drugu krišku tosta na vrh. Sada stavite svoje 2 kriške tosta u posudu za pečenje i u pećnicu/ili toster oko 5 minuta dok se čips ne otopi. Izvadite i tanjur.
j) Na tost s nekoliko žlica slatke tekućine dodajte malo višanja. Dodajte vrhnje za šlag, dodajte 3 ili 4 Griottinea i žlicu ili tako nešto kirscha preko vrha i pokapajte svoj Hershey's čokoladni sirup po francuskom tostu.
k) Dodajte još malo komadića čokolade...sada ste spremni jesti najdekadentniji francuski tost koji ste ikada jeli. Uživajte u svakom zalogaju!

44. Focaccia di mele

SASTOJCI:
TIJESTO:
- 1 mala jabuka, očišćena od koštice i četvrtine
- 2 šalice nebijeljenog bijelog brašna
- ¼ žličice cimeta
- 1 žlica šećera ili 2 t meda
- 1 Malo t kvasca koji se brzo diže
- ¼ žličice soli
- ⅓ do ½ šalice tople vode iz slavine
- ⅓ šalice grožđica

PUNJENJE:
- 4 srednje jabuke
- Sok od ½ limuna
- Prstohvat bijelog papra
- Prstohvat klinčića
- Prstohvat kardamoma
- Prstohvat muškatnog oraščića
- Prstohvat mljevenog đumbira
- 1 žličica ekstrakta vanilije
- ⅓ šalice šećera ili meda
- ½ šalice smeđeg šećera ili
- 2 žlice melase
- 1 žličica kukuruznog škroba

GLAZURA:
- 2 žlice džema ili džema od marelica
- 1 žličica vode

UPUTE:
TIJESTO:
a) Jabuku narezanu na četvrtine obradite u procesoru hrane oko 20 sekundi; premjestite u posebnu zdjelu.
b) Dodajte 2 šalice brašna, cimet, šećer ili med, kvasac i sol po želji u procesor hrane; proces 5 sekundi. Dodajte prerađenu jabuku; proces dodatnih 5 sekundi.
c) Dok procesor radi, postupno dodajte ⅓ šalice vruće vode kroz dovodnu cijev. Zaustavite stroj i ostavite tijesto da odstoji oko 20 sekundi. Nastavite s obradom i postupnim dodavanjem vode kroz

dovodnu cijev sve dok tijesto ne postane mekana kugla, a stranice zdjele budu čiste. Pulsirajte još 2 ili 3 puta.
d) Pospite grožđice i 1 žlicu brašna na čistu površinu. Okrenite tijesto na površinu i mijesite oko 1 minutu da u njega uđe grožđice. Dodajte brašno ako je tijesto jako ljepljivo.
e) Lagano pobrašnite unutrašnjost plastične vrećice. Stavite tijesto u vrećicu, zatvorite i ostavite 15 do 20 minuta na toplom i tamnom mjestu.
f) Razvaljajte tijesto u krug promjera 12 do 14 inča. Redati u nauljenu tepsiju ili posudu za pečenje.
g) Pokrijte kuhinjskom krpom i ostavite na toplom mjestu dok pripremate nadjev.
h) Zagrijte pećnicu na 400 stupnjeva.

PUNJENJE:
i) Jabuke izvadite iz jezgre i narežite na tanke ploške . Kriške jabuke poprskajte sokom od limuna. Dodajte preostale sastojke za nadjev i dobro promiješajte.
j) Žlicom stavljati nadjev u tijesto. Pecite 20 minuta, a zatim zaokrenite posudu za 180 stupnjeva. Smanjite temperaturu pećnice na 375 stupnjeva i pecite dodatnih 20 minuta ili dok jabuke ne porumene. Ohladite u tavi 5 minuta. Izvadite iz posude i temeljito ohladite na rešetki.

GLAZURA:
k) U malom loncu otopite džem ili slatko. Dodajte vodu i pustite da zavrije uz snažno miješanje. Glazurom premažite jabuke i poslužite.

45. Kvadrati džema od cjelovitog zrna

SASTOJCI:
- 2 šalice zobi koja se brzo kuha, nekuhana
- 1¾ šalice višenamjenskog brašna
- ¾ žličice soli
- ½ žličice sode bikarbone
- 1 šalica maslaca, omekšalog
- 1 šalica smeđeg šećera, pakirano
- ½ šalice nasjeckanih oraha
- 1 žličica cimeta
- ¾ do 1 šalice konzervirane jagode

UPUTE:
a) Pomiješajte sve sastojke osim konzervi u zdjeli; miješajte dok se ne stvore velike mrvice. Ostavite 2 šalice mješavine zobi i ostavite sa strane.
b) Preostalu smjesu utisnite u podmazanu tepsiju 13"x9".
c) Po vrhu rasporedite konzerve; pospite sacuvanom smjesom zobi.
d) Pecite na 400 stupnjeva 25 do 30 minuta, dok ne porumene. Cool; izrezati na kvadrate.

46.Tartufi od jagode i limunade

SASTOJCI:

- 26 unci bijele čokolade, podijeljeno
- 6 žlica maslaca
- 1 žlica limunove korice
- 1 žličica soka od limuna
- ⅓ žličice vinske kiseline Prstohvat soli
- 2 žlice konzervirane jagode

UPUTE:

a) Temperirajte svu bijelu čokoladu koristeći metodu ovdje i provjerite imate li dobru narav tako što ćete razmazati malo čokolade po radnoj površini.
b) To bi trebalo biti postavljeno unutar 2 minute. Ostavite 16 unci sa strane.
c) Omekšajte maslac u mikrovalnoj pećnici i zatim ga gnječite u jastučiću od papira za pečenje (pogledajte ovdje) dok se maslac ne zagrije i postane konzistencije kreme za lice.
d) Umiješajte maslac u 10 unci temperirane čokolade dok se smjesa dobro ne sjedini i postane svilenkasta.
e) Dodajte preostale sastojke i dobro promiješajte.
f) Ganache razdijelite u četvrtaste kalupe od 1 inča.
g) Ostavite na radnoj površini ili stavite u hladnjak na 20 minuta da se stvrdne.
h) Spremni su za umakanje kada ganache čist izađe iz kalupa.
i) Pomoću vilice za umakanje s dva zupca umočite tartufe u preostalih 16 unci temperirane bijele čokolade.
j) Ukrasite tako da stavite ružičasto-žuti kakao maslac na vrh svakog tartufa prije nego što umočite sljedeći.
k) Ostavite da se stegne na hladnom mjestu 10 do 20 minuta prije nego što skinete foliju za prijenos.
l) Čuvajte do 3 tjedna na sobnoj temperaturi na tamnom mjestu daleko od mirisa i topline .

47. Francuski tost kolač od sira s jagodama

SASTOJCI:

- ½ šalice krem sira, omekšalog
- 2 žlice šećera u prahu
- 2 žlice konzervirane jagode
- 8 kriški seoskog bijelog kruha
- 2 jaja
- ½ šalice pola-pola
- 2 žlice šećera
- 4 žlice maslaca, podijeljene

UPUTE:

a) Pomiješajte krem sir i šećer u prahu u maloj posudi; dobro promiješajte. Umiješajte konzerve. Smjesu krem sira ravnomjerno rasporedite preko 4 kriške kruha; prekrijte preostalim kriškama kako biste oblikovali sendviče.

b) Umutite zajedno jaja, pola-pola i šećer u srednjoj zdjeli; Staviti na stranu.

c) Otopite 2 žlice maslaca u velikoj tavi na srednjoj vatri. Umočite svaki sendvič u smjesu od jaja, potpuno prekrivši obje strane.

d) Pecite 2 sendviča odjednom jednu do 2 minute po strani ili dok ne porumene.

e) Otopite preostali maslac i skuhajte preostale sendviče prema uputama.

48. Francuski tost štapići sa skutom od mandarina

SASTOJCI:
- 2 jaja, istučena
- ¾ šalice mlijeka
- 1 žličica ekstrakta vanilije
- 4 kriške kruha, svaka izrezana na 4 trake
- 1 žlica maslaca
- javorov sirup
- Skuta od mandarina ili omiljena konzervirana hrana

UPUTE:
a) U plitkoj posudi umutite jaja, mlijeko i vaniliju. Umočite trake kruha, dobro ih namočite.
b) Otopite maslac u tavi na srednjoj vatri. Dodajte trakice kruha; pecite dok ne porumeni s obje strane.
c) Poslužite toplo sa sirupom ili konzervama za umakanje.

49. Glazura od marelice

SASTOJCI:
- ½ šalice konzerviranih marelica
- 1 žlica vode

UPUTE:
a) U malom loncu zagrijte marelice i vodu na laganoj vatri.
b) Miješajte dok se konzerva ne otopi i smjesa postane glatka.
c) Maknite s vatre i ostavite da se malo ohladi.
d) Nanesite kistom ili žlicom glazuru od marelica na desert dok je još topao.

50.G glazirana ponta torta

SASTOJCI:
- Kolač od 1 funte
- ½ šalice balzamičnog octa
- ½ šalice smeđeg šećera
- ½ šalice konzerviranih jagoda
- ¼ šalice javorovog sirupa
- 2 šalice svježih bobica
- ½ galona Perry's sladoleda od vanilije

UPUTE:

a) Pecite na žaru ili pecite segmente kolača od kilograma i ostavite sa strane.

b) U tavi za pirjanje zakuhajte ocat, šećer, konzerve i sirup.

c) Pustite da se reducira do lijepog gustog sirupa, dodajte voće i zagrijte dok se ne zagrije.

d) Poslužite jagode preko pound torte sa sladoledom sa strane.

51. Kolačići s otiskom palca maline

SASTOJCI:
- 1 šalica neslanog maslaca, omekšalog
- 2/3 šalice granuliranog šećera
- 2 velika žumanjka
- 1 žličica ekstrakta vanilije
- 2 šalice višenamjenskog brašna
- ¼ žličice soli
- 1 šalica sitno nasjeckanih orašastih plodova (kao što su bademi ili orasi)
- ½ šalice džema ili džema od malina

UPUTE:
a) Zagrijte pećnicu na 350°F (175°C). Lim za pečenje obložite papirom za pečenje.
b) U velikoj posudi umutite omekšali maslac i granulirani šećer dok ne postanu svijetli i pjenasti. Možete koristiti električni mikser ili to učiniti ručno.
c) U smjesu maslaca i šećera dodajte žumanjke i ekstrakt vanilije. Dobro izmiješajte dok se potpuno ne sjedini.
d) Postupno dodajte brašno i sol u smjesu, miješajte dok se tijesto ne sjedini. Pazite da ne premiješate.
e) Razvaljajte tijesto u male kuglice, promjera oko 1 inča. Trebali biste dobiti otprilike 24 kuglice.
f) Svaku kuglicu tijesta uvaljajte u sitno nasjeckane orahe, pazeći da su obložene sa svih strana. Stavite obložene kuglice na pripremljeni lim za pečenje, ostavljajući razmak između svakog kolačića.
g) Palcem ili stražnjom stranom žlice napravite duboko udubljenje u sredini svake kuglice tijesta. Provjerite je li dovoljno velika da u nju stane žličica pekmeza.
h) U svako udubljenje kolačića žličicom stavite otprilike 1 žličicu džema ili džema od malina.
i) Stavite lim za pečenje u prethodno zagrijanu pećnicu i pecite oko 12-15 minuta ili dok rubovi kolačića ne porumene.
j) Izvadite kolačiće iz pećnice i ostavite ih nekoliko minuta da se ohlade na limu za pečenje. Premjestite ih na rešetku da se potpuno ohlade.
k) Uživati.

52.Mesna štruca od sušenog voća

SASTOJCI:
- 1½ funte mljevenog mesa
- 1 šalica panko krušnih mrvica
- 3 šake suhog voća. veće voće nasjeckajte na komade veličine grožđica
- 1 žlica pekmeza ili slatkog voća
- ¼ žličice svježe mljevenog cimeta
- 1 žlica češnjaka u prahu
- ½ žličice kumina
- 1 prstohvat ljute paprike
- velikodušni prstohvati košer soli
- 1 jaje

UPUTE:
a) Zagrijte pećnicu na 325F.
b) Sve sastojke pomiješajte u zdjeli i dobro promiješajte rukom.
c) Utisnite smjesu u mali kalup za kruh ili drugu posudu prikladnu za pećnicu. Koristite manje od cijele posude ako je potrebno kako bi štruca bila debela najmanje 2 inča.
d) Pecite jedan sat dok vrh dobro ne porumeni. Ostavite da se ohladi najmanje 20 minuta prije posluživanja.

53.Mochi prsten Krafna

SASTOJCI:

- 5½ oz mochiko brašno
- 4 oz škroba tapioke
- 1¾ žličice praška za pecivo
- ½ žličice soli
- ⅓ šalice bijelog 75 g granuliranog šećera
- 1 jaje
- 5 unci punomasnog mlijeka
- 2 žlice biljnog masti
- biljno ulje
- 1 šalica šećera u prahu
- 1½ unce punomasnog mlijeka
- ½ žličice paste od mahune vanilije
- 1 unca punomasnog mlijeka
- 1 žličica konzervirane jagode

UPUTE:

a) Pomiješajte suhe sastojke, mochiko brašno, škrob tapioke, prašak za pecivo i sol u zdjeli i promiješajte.

b) Pomiješajte mokre sastojke. U zasebnoj velikoj zdjeli za miješanje pomiješajte šećer, jaje, mlijeko i biljno ulje dok se potpuno ne sjedine. Povrće će biti veličine graška.

c) Prosijte suhe sastojke u veliku zdjelu za miješanje.

d) Koristite lopaticu za miješanje i miješanje tijesta za krafne dok se potpuno ne sjedini, pazeći da unesete mast koliko god možete.

e) Izrežite papir za pečenje na kvadrate veličine 3 x 3 inča. Kako biste olakšali izradu cijevi, napravite predložak kruga od 2 ½ inča na običnom komadu papira i zalijepite ga na stol. Napravite 8 točaka ravnomjerno raspoređenih na krugu, to će biti mjesta na kojima ćete iscrtati svaku kuglicu tako da napravite prsten od 8 kuglica.

f) Dodajte jedan komad pergamenta preko njega i slijedite točkice vrećicom za cijev.

g) Dodajte vrh za cijevi veličine 808 u vrećicu za cijevi. Napunite vrećicu tijestom za krafne i stisnite otvor dok tijesto ne izađe iz vrha.

h) Istisnite otprilike 1 žličicu tijesta na svaku točku na papiru za pečenje. Nožem za guljenje ili nožem za maslac odrežite tijesto s vrha vrećice za čist rez. Volim obrisati nož svaki put kad režem. Ponavljajte dok ne napravite svih 8 točkica. Na kraju bi trebali dobiti krafnu sa 8 prstenova i sve kuglice trebale bi se lagano spojiti jedna s drugom. Ponovite sa svim krafnama.

i) Dodajte najmanje 2 inča ulja u lonac s debelim dnom na srednje jakoj vatri. Zagrijte ulje na 350 °F.

j) Jednu krafnu od pek papira pažljivo spustite u zagrijano ulje. U moj lonac od 3½ litre mogu stati dvije krafne po seriji. Ne pokušavajte nagurati krafne.

k) Nakon otprilike 1 minute, hvataljkama uklonite pergament, trebao bi se lako odvojiti. Koristite cjedilo da okrenete krafnu i lagano je pritisnite u ulje tako da bude potopljena. Nastavite kuhati oko još jednu minutu ili dok ne postane svijetlosmeđe. U ovom tijestu nema glutenskog brašna pa neće postati super smeđe.

l) Upotrijebite cjedilo za prebacivanje krafne na rešetku obloženu papirnatim ručnikom preko pleha. Ponovite sa svim krafnama.

MAHUNA VANILIJE:

m) Pomiješajte šećer u prahu, mlijeko i mahunu vanilije u posudi pjenjačom. Gustoća mora biti slična javorovom sirupu. Da bude gušće dodajte još šećera u prahu . Da bude rjeđe dodajte polagano još mlijeka.

JAGODA:

n) U zdjeli pjenjačom pomiješajte šećer u prahu, mlijeko i konzerviranu jagodu. Gustoća mora biti slična javorovom sirupu. Da bude gušće dodajte još šećera u prahu . Da bude rjeđe dodajte polagano još mlijeka.

SKUPŠTINA:

o) Uzmite jednu svježu krafnu (malo toplu nakon hlađenja na rešetki) i umočite je u glazuru te je vratite na rešetku za hlađenje bez papirnatog ručnika.

p) Pustite da odstoji 1 minutu da se glazura stvrdne. Ponovite s ostatkom krafni.

q) Poslužite odmah.

54.Gateau de mousse a la nektarina

SASTOJCI:
MOUSSE OD NEKTARINA:
- 1½ funte nektarina
- ½ šalice šećera
- 5 žličica želatine bez okusa
- ¼ šalice soka od limuna
- ¼ šalice rakije od breskve
- 1½ šalice guste kreme, dobro ohlađene
- Genoise torta (vidi recept)

SIRUP OD BRESKVE:
- ¼ šalice šećera
- ⅓ šalice rakije od breskve
- Glazura od breskve:
- 1¼ žličice želatine bez okusa
- ¾ šalice džema ili džema od breskvi
- 3 žlice rakije od breskve

UPUTE:
a) Prepolovite, izvadite koštice i nasjeckajte nektarine te ih u teškoj tavi pomiješajte sa šećerom i ½ šalice vode. Pustite da zavrije uz miješanje i kuhajte na laganom vrijenju uz povremeno miješanje 15 minuta. U procesoru hrane, zgnječite smjesu u pire i protisnite je kroz fino sito u veliku zdjelu, snažno pritiskajući krutine.

b) U malom loncu pospite želatinu limunovim sokom i rakijom, ostavite da omekša 5 minuta, zatim zagrijavajte smjesu na laganoj vatri, miješajući, dok se želatina ne otopi. Umiješajte želatinu u pire od nektarina, dobro izmiješajte smjesu. Neka se ohladi na sobnoj temperaturi.

c) U ohlađenoj zdjeli istucite vrhnje dok ne dobije mekane oblike (ne tako čvrsto kao mekani vrhovi) i umiješajte ga u smjesu s nektarinama.

d) Obrežite Genoise i izrežite ga na tri sloja, vodoravno.

e) Sirup od breskve: U malom loncu pomiješajte šećer i ¼ šalice vode. Pustite da zavrije, miješajući dok se šećer ne otopi, pa umiješajte rakiju. Pustite da se sirup ohladi na sobnoj temperaturi.

SKUPŠTINA:
f) Centrirajte jedan sloj na dno kalupa od 9-½ inča i premažite polovicom sirupa od breskve. Polovicom moussea prelijte tortu i preko nje stavite još jedan sloj Genoise.

g) Premažite preostalim sirupom od breskve i prelijte preostali mousse preko kolača, lupkajući po bočnoj strani kalupa da izbacite sve mjehuriće zraka i zagladite površinu. Hladite 2 sata ili dok se ne stegne.

GLAZURA OD BRESKVE:

h) U maloj posudi prelijte želatinu s 3 žlice hladne vode i ostavite da omekša 5 minuta. U malom loncu pomiješajte konzerviranu hranu i rakiju, zakuhajte smjesu uz miješanje i kuhajte na laganoj vatri 1 minutu.

i) Uklonite posudu s vatre, dodajte smjesu želatine, miješajući dok se želatina ne otopi , i procijedite smjesu kroz fino sito u zdjelu, snažno pritiskajući krutine.

SKUPŠTINA:

j) Prelijte sve osim otprilike 2 žlice glazure od breskve preko vrha mousse torte, potpuno je prekrivši, i ohladite tortu 2 sata ili dok se glazura ne stegne.

k) Dok se torta hladi, u sjeckalici samljeti ostatak Genoise sloja u fine mrvice. Tostirajte mrvice u tavi s želeom u prethodno zagrijanoj pećnici na 350°F 5-8 minuta ili dok ne poprime zlatnu boju. rezerva.

l) Polovicu nektarine narežite na tanke ploške, te ih ukrasno rasporedite po vrhu torte u obliku kotačića. Preostalom glazurom premažite kriške nektarina i ohladite kolač, pokriven, 1 sat ili dok se novonanesena glazura ne stegne.

m) Prođite tankim nožem oko ruba posude i maknite stijenku posude. Radeći preko lista voštanog papira, premažite strane kolača mrvicama.

n) Ostavite kolač da odstoji na sobnoj temperaturi 20 minuta prije posluživanja.

55.Mousse torta od sira od malina

SASTOJCI:
PJENA OD MALINA
- 1½ žličice želatine
- 1½ žlice hladne vode
- ½ šalice konzervirane maline
- 2 žlice šećera
- 1 šalica gustog vrhnja za šlag

PUNJENJE
- 1 funta krem sira; mekan
- ½ šalice šećera
- 2 jaja
- ½ žličice vanilije
- 1 pripremljena kora od čokoladnih mrvica od 9 inča

UPUTE:
a) Zagrijte pećnicu na 325°C. Pomiješajte krem sir, šećer, jaja i vaniliju električnom miješalicom na srednjoj razini dok se potpuno ne sjedine, oko 3 do 4 minute.
b) Izliti u pripremljenu koru. Stavite u lim za pečenje i pecite 25 minuta. Ohladite na temperaturu u hladnjaku.

MOUSSE
c) Želatinu prelijte hladnom vodom, promiješajte i ostavite da odstoji 1 minutu.
d) Micro na HIGH 30 sekundi ili dok se želatina potpuno ne otopi.
e) Pomiješajte želatinu s konzervama. Ohladite 10 minuta. KREMA - Tucite vrhnje dok ne dobijete meke vrhove. Dodajte 2 žlice šećera i nastavite mutiti dok se ne stvore čvrsti vrhovi. Odmjerite 1-½ c šlaga za mousse i ostavite sa strane.
f) Ostatak kreme za preljev ohladite u hladnjaku. Smjesu malina lagano umiješajte u izmjereni šlag.
g) Rasporedite mousse od malina na vrh ohlađenog kolača od sira, lagano uvis u sredini. Ohladite 1 sat prije posluživanja.
h) Za posluživanje, kolač od sira razrežite na 6 porcija i na svaki komad stavite komadić tučenog vrhnja.

56. Pjena od svježih smokava

SASTOJCI:

- 1½ šalice šećera
- 1 šalica vode
- 1 žlica jakog ekstrakta vanilije
- 1 Dugi uvojak narančine kore
- 1 komadić mahune vanilije od jednog inča
- 6 Zrelih smokava odn
- 2 4 oz. staklenke konzerviranih smokava
- 1 žlica želatine
- ¼ šalice soka od naranče
- 1½ šalice kreme slastičarnica
- 1 šalica gustog vrhnja
- 1 žličica jakog ekstrakta vanilije
- 3 bjelanca
- 1 prstohvat soli
- 1 žlica granuliranog šećera
- Naranča svijetle kore za ribanje

UPUTE:

a) Stavite šećer i vodu u lonac; dovesti do vrenja. Kad smjesa zakuha, smanjite vatru i dodajte 1 žlicu vanilije, narančinu koricu i mahunu vanilije. Kuhajte oko 10 minuta dok smjesa ne postane sirupasta i gusta. Dodajte cijele smokve i pohirajte ih oko 25 minuta ili dok ne omekšaju na vilici. Cool.

b) Izvadite smokve i stavite sirup, narančinu koricu, mahunu vanilije i vaniliju u lonac s 3 do 4 žlice vode. Pustite da vrije 1 do 2 minute. U vrući sirup vratiti smokve; dobro ih premazati glazurom, ohladiti.

c) Sve ostale upute su iste.) U maloj zdjelici pomiješajte želatinu sa sokom od naranče i stavite na tavu s vodom koja još ne ključa. Smjesu dobro promiješajte dok se želatina potpuno ne otopi. Kada je tekućina dosta sirupasta i nije više zrnasta, dodajte u ohlađenu smjesu od smokava.

d) Uklonite jednu smokvu za konačni ukras kasnije, a zatim stavite drugo voće, narančinu koricu i sirup u posudu blendera. Oštrim nožem zarežite mahunu vanilije po sredini i nasumično ostružite sjemenke u smjesu. Miksajte velikom brzinom oko minutu ili dok smjesa ne postane gusti pire boje meda.

e) U velikoj zdjeli za miješanje pomiješajte ohlađeni pire od smokava s kremom.

f) U ohlađenu zdjelu istucite vrhnje s 1 žličicom. ekstrakt vanilije. Vrhnje umutiti dok dobro ne zadrži oblik, ali nemojte pretjerati.
g) Bjelanjke posuti s prstohvatom soli i umutiti u finu pjenu. Kad se stvore mekani vrhovi, pospite žlicom granuliranog šećera, a zatim ih snažno tucite dok ne zadrže oblik.
h) Pomiješajte smjesu od smokava sa tučenim vrhnjem, nježno utrljavajući vrhnje u kremu velikom gumenom strugalicom za zdjelu. Odmah umiješajte snijeg od bjelanjaka.
i) Stavite u zdjelu i ostavite u hladnjaku oko 4 do 5 sati. Neposredno prije posluživanja naribajte koricu svijetle naranče po cijeloj površini.
j) Očuvanu smokvu narežite na tanke trakice i njima obrubite strane moussea.

57. Šifon kolač od marelice bez pečenja

SASTOJCI:
- 2 šalice mrvica graham krekera
- ½ šalice neslanog maslaca, otopljenog
- 1 (8 unca) pakiranje krem sira, omekšali
- ½ šalice šećera u prahu
- 1 žličica ekstrakta vanilije
- 1 šalica tučenog vrhnja
- 1 šalica konzerviranih marelica
- 1 žlica želatine
- ¼ šalice vode

UPUTE:
k) Slijedite korake 1-6 iz prethodnog recepta za pripremu kore od graham krekera i nadjeva od krem sira.
l) U maloj posudi prikladnoj za mikrovalnu pećnicu pospite želatinu vodom i ostavite 5 minuta da omekša.
m) Stavite smjesu želatine u mikrovalnu oko 20 sekundi ili dok se želatina potpuno ne otopi. Neka se malo ohladi.
n) U posebnoj zdjeli umutite čvrsto vrhnje dok se ne formiraju mekani vrhovi.
o) Nježno umiješajte šlag u smjesu od krem sira.
p) Ohlađenu smjesu želatine postupno ulijevajte u smjesu od krem sira uz neprekidno savijanje.
q) Preko korice graham krekera rasporedite marelice.
r) Prelijte smjesu krem sira preko konzervi, ravnomjerno je rasporedite.
s) Pokrijte posudu plastičnom folijom i ostavite u hladnjaku najmanje 4 sata ili preko noći da se stegne.
t) Kada se stegne, uklonite stijenke kalupa i narežite kolač od sira za posluživanje. Uživajte u pahuljastom i divnom kolaču od marelice i šifona bez pečenja!

58.Matzoh slojeviti kolač bez pečenja

SASTOJCI:
- 4-6 komadića čokoladne matzoh
- 2 šalice šlaga ili tučenog preljeva
- 1 šalica konzerviranog voća (kao što su maline ili jagode)
- Svježe bobice za ukras (po želji)

UPUTE:
a) Stavite sloj komada matzoha u jednom sloju na pladanj ili tanjur za posluživanje.
b) matzoha namažite sloj šlaga ili tučenog preljeva .
c) Preko sloja šlaga rasporedite sloj konzerviranog voća.
d) Ponavljajte slojeve dok vam ne ponestane sastojaka, završite slojem šlaga na vrhu.
e) Ohladite sloj matzoh torte najmanje 4 sata ili preko noći da matzoh omekša.
f) Prije posluživanja po želji ukrasite svježim bobičastim voćem.
g) matzoh torti bez pečenja !

59.Pločice s malinom i limunom bez pečenja

SASTOJCI:
- 2 šalice mrvica graham krekera
- ½ šalice otopljenog maslaca
- 16 oz krem sira, omekšali
- 1 šalica šećera u prahu
- Korica od 2 limuna
- 1 šalica konzerviranih malina
- Svježe maline za ukras

UPUTE:
h) U zdjeli za miješanje pomiješajte mrvice graham krekera i otopljeni maslac. Miksaj dok se mrvice ne prekriju .
i) Utisnite smjesu od mrvica na dno pravokutne posude za pečenje kako biste stvorili koricu.
j) U posebnoj zdjeli izmiksajte krem sir, šećer u prahu i koricu limuna dok ne postane glatko i kremasto.
k) Smjesu krem sira premažite preko kore u tepsiji.
l) Preko sloja krem sira stavljajte žlice konzervi od malina i lagano vrtite nožem.
m) Ostavite u hladnjaku najmanje 4 sata ili dok se ne stegne.
n) Prije posluživanja ukrasite svježim malinama.

60. Pita od svježeg voća bez pečenja

SASTOJCI:
- 1 1/2 šalice veganskih mrvica kolačića od zobenih pahuljica
- 1/4 šalice veganskog margarina
- 1 funta čvrstog tofua, dobro ocijeđenog i protisnutog (vidi Tofu)
- ¾ šalice šećera
- 1 žličica čistog ekstrakta vanilije
- 1 zrela breskva, bez koštica i narezana na 1/4 inčne kriške
- 2 zrele šljive, bez koštica i narezane na ploške od 1/4 inča
- 1/4 šalice konzervirane breskve
- 1 žličica svježeg soka od limuna

UPUTE:
a) Namastite tanjir za pite od 9 inča i ostavite ga sa strane. U sjeckalici pomiješajte mrvice i otopljeni margarin i miješajte dok se mrvice ne omekšaju.
b) Utisnite smjesu od mrvica u pripremljeni tanjur za pitu. Hladiti dok ne zatreba.
c) U multipraktiku pomiješajte tofu, šećer i vaniliju i izmiksajte dok smjesa ne postane glatka. Smjesu tofua rasporedite u ohlađenu koru i ostavite u hladnjaku 1 sat.
d) Na smjesu od tofua ukrasno rasporedite voće. Staviti na stranu.
e) U maloj zdjeli otpornoj na toplinu pomiješajte konzerviranu hranu i sok od limuna i pecite u mikrovalnoj pećnici dok se ne otopi, oko 5 sekundi. Promiješajte i pokapajte preko voća. Ohladite pitu najmanje 1 sat prije posluživanja da se nadjev ohladi i glazura stegne.

61. Linzer pločice od zobenih pahuljica marelice

SASTOJCI:
- 2 šalice Quaker zobi (brze ili starinske); prijesan)
- 2 šalice mljevenih badema ili pekan oraha; podijeljena
- 1 šalica višenamjenskog brašna
- ½ žličice soli;
- 1½ šalice; (3 štapića) maslac, omekšao
- 1½ šalice plus 1 žlica šećera u prahu; podijeljena
- 4 žumanjka ili 2 jaja; lagano tučen
- 2 žličice vanilije
- ½ žličice ekstrakta badema
- 1 staklenka; (18-oz) konzervirane marelice
- 1 šalica sitno nasjeckanih suhih marelica
- 2 žlice likera s okusom naranče;

UPUTE:
a) Zagrijte pećnicu na 350 F. Lagano namastite posudu za pečenje 13 x 9 inča.
b) U srednjoj zdjeli pomiješajte zob, 1-½ šalice mljevenih badema, brašno i sol; dobro promiješajte. Staviti na stranu. U velikoj zdjeli istucite maslac i 1-½ šalice šećera u prahu dok ne postanu kremasti. Dodajte žumanjke, vaniliju i ekstrakt badema; dobro istucite.
c) Umiješajte smjesu zobi; dobro promiješajte. Rezervirajte 1-⅓ šalice; stavite u malu posudu i ostavite sa strane. Preostalu smjesu zobi rasporedite u pripremljenu posudu.
d) Pecite 13 do 15 minuta ili dok ne porumene. Ohladite 10 minuta na rešetki.
e) U maloj zdjeli pomiješajte konzerve, marelice i liker; dobro promiješajte. Ravnomjerno rasporedite po djelomično pečenoj kori. Dodajte preostalih ½ šalice mljevenih badema u ostavljenu smjesu zobi; dobro promiješajte. Kapajte po ¼ žličice ravnomjerno preko smjese marelica.
f) Pecite 30 do 35 minuta ili dok ne porumene. Potpuno ohladite u tavi na rešetki. Ravnomjerno pospite preostalom 1 žlicom šećera u prahu.
g) Narežite na štanglice. Čuvati dobro poklopljeno.

62. Uvrti od maslaca od kikirikija i pekmeza

SASTOJCI:

- ½ šalice mlijeka
- ½ šalice šećera
- 1½ čajna žličica soli
- ¼ šalice maslaca
- ½ šalice tople vode
- 2 pakiranja kvasca
- 2 jaja
- 4½ šalice neprosijanog brašna
- ¾ šalice Planters Kremasti maslac od kikirikija
- ¾ šalice džema ili džema od breskvi
- 6 žlica Fleischmannovog margarina

UPUTE:

a) Opečeno mlijeko; umiješajte šećer, sol i ¼ šalice Fleischmannova margarina. Ohladiti do mlakog.

b) Izmjerite toplu vodu u veliku toplu zdjelu. Uspite kvasac; miješati dok se ne otopi.

c) Dodajte mlaku mliječnu smjesu, jaja i 3 šalice brašna; tucite dok ne postane glatko. Dodajte dovoljno brašna da dobijete čvrsto tijesto. Okrenite na lagano pobrašnjenu dasku; mijesite dok ne bude glatko i elastično, oko 8 do 10 minuta.

d) Stavite u podmazanu zdjelu, okrećući prema namazanom vrhu. Pokriti; ostavite da se diže na toplom mjestu dok se ne udvostruči (1 sat).

e) Za to vrijeme pripremite nadjev. Pomiješajte maslac od kikirikija, džem od breskvi i 6 žlica omekšalog margarina. Tucite dok ne postane glatko; Staviti na stranu.

f) Probušite tijesto prema dolje; podijelite ga na pola. Svaku polovicu razvaljajte u pravokutnik 12x15 inča. Svaki pravokutnik izrežite na dvadeset kvadrata od 3 inča.

g) U sredinu svakog kvadrata stavite oko 2 žličice nadjeva. Preklapanje dva suprotna kuta; čvrsto zatvoriti.

h) Stavite na namaštene limove za pečenje. Ostavite da se diže dok se ne udvostruči (1 sat).

i) Pecite na 375 oko 15 minuta. Ohladite na rešetkama.

63.Maslac od kikirikija i kolač od želea

SASTOJCI:
- ½ šalice maslaca od kikirikija
- 1¼ šalice hladnog mlijeka
- 1 pakiranje (veličina za 4 obroka) Jell-O instant pudinga i nadjeva za pite; okus vanilije ili butterscotch
- ½ šalice želea ili konzervi
- 1 štruca za tortu od funte (oko 12 unci); izrezati na 16 kriški
- Čokoladni preljev

UPUTE:
a) MIJEŠAJTE maslac od kikirikija u maloj posudi dok ne postane glatko. Postupno umiješajte mlijeko. Dodajte smjesu za puding. Tucite žičanom pjenjačom ili na maloj brzini električnog miksera dok se dobro ne sjedini, 1 do 2 minute. Ohladite 15 minuta.
b) Tanko RAZMAŽITE žele preko ½ kriški kolača. Preostale kriške torte premažite smjesom od pudinga. Pripremite sendviče s kriškama kolača. Ohladite se.
c) Rezati u oblike; ukrasite čokoladnim preljevom.
d) Čokoladni preljev: Stavite 1 kvadrat Baker's poluslatke čokolade u malu plastičnu vrećicu za sendviče ili vrećicu koja se sama zatvara. Mikrovalna pećnica na JAKO oko 1 minutu ili dok se čokolada ne otopi. Čvrsto presavijte vrh vrećice i odrežite jedan kut (oko ⅛-inča).
e) Čvrsto držite vrećicu na vrhu i nakapajte čokoladu kroz otvor preko kolačića.

64.PB i J Sladoled od soje

SASTOJCI:
- 1 žlica plus 2 žličice škroba tapioke
- 2-½ šalice sojinog ili konopljinog mlijeka (punomasno)
- 1 žličica kokosovog ulja
- 2 žličice ekstrakta vanilije
- 3 žlice kremastog, neslanog prirodnog maslaca od kikirikija
- ¼ šalice kvalitetnog džema ili džema po vašem izboru

UPUTE:
a) U velikom loncu pomiješajte šećer i škrob tapioke i miksajte dok se škrob ne sjedini sa šećerom. Ulijte mlijeko, miješajući da se sjedini. Zakuhajte smjesu na srednjoj vatri uz često miješanje.
b) Nakon što zavrije, smanjite vatru na srednje nisku i stalno miješajte dok se smjesa ne zgusne i ne prekrije stražnju stranu žlice, oko 5 minuta. Maknite s vatre, dodajte kokosovo ulje i vaniliju te promiješajte da se sjedini.
c) Premjestite smjesu u zdjelu otpornu na toplinu i ostavite da se potpuno ohladi. 3} U malim pojedinačnim posudama pomiješajte maslac od kikirikija i džem dok ne postanu glatki. Možda ćete maslacu od kikirikija trebati dodati malo ulja (nečeg neutralnog poput biljnog ulja) da postane glatko.
d) Ulijte bazu za sladoled u zdjelu aparata za sladoled od 1½ ili 2 litre i obradite prema uputama proizvođača. Kada je sladoled gotov, jednu trećinu zagrabite u posudu prikladnu za zamrzavanje, zatim dodajte komadiće pola glatkog maslaca od kikirikija i pola džema.
e) Dodajte još jednu trećinu sladoleda i prelijte preostalom polovicom maslaca od kikirikija i pekmeza.
f) Na vrh stavite posljednju trećinu sladoleda, a zatim provucite nožem za maslac kroz smjesu 2 ili 3 puta da je zavrtite. Čuvajte u hermetički zatvorenoj posudi u zamrzivaču najmanje 2 sata prije sastavljanja sendviča.

NAPRAVITI SENDVIČE
g) Pustite da sladoled malo omekša kako biste ga lakše grabili. Stavite polovicu kolačića, dnom prema gore, na čistu površinu.
h) Zagrabite jednu obilnu kuglicu sladoleda, otprilike ⅓ šalice, na vrh svakog kolačića. Na vrh sladoleda stavite preostale kolačiće, tako da dno kolačića dodiruje sladoled.
i) Nježno pritisnite kolačiće kako biste ih poravnali.
j) Zamotajte svaki sendvič u plastičnu foliju ili voštani papir i vratite u zamrzivač najmanje 30 minuta prije posluživanja.

65. Pita od svježeg voća bez pečenja

SASTOJCI:
- 1 1/2 šalice veganskih zobenih mrvica kolačića
- 1/4 šalice veganskog margarina
- 1 funta čvrstog tofua, dobro ocijeđenog i protisnutog (vidi Tofu)
- ¾ šalice šećera
- 1 žličica čistog ekstrakta vanilije
- 1 zrela breskva, bez koštica i narezana na 1/4 inčne kriške
- 2 zrele šljive, bez koštica i narezane na ploške od 1/4 inča
- 1/4 šalice konzervirane breskve
- 1 žličica svježeg soka od limuna

UPUTE:
a) Namastite tanjur za pitu od 9 inča i ostavite sa strane. U sjeckalici pomiješajte mrvice i otopljeni margarin i miješajte dok se mrvice ne omekšaju.
b) Utisnite smjesu od mrvica u pripremljeni tanjur za pitu. Hladiti dok ne zatreba.
c) U multipraktiku pomiješajte tofu, šećer i vaniliju i izmiksajte dok smjesa ne postane glatka. Smjesu tofua rasporedite u ohlađenu koru i ostavite u hladnjaku 1 sat.
d) Na smjesu od tofua ukrasno rasporedite voće. Staviti na stranu.
e) U maloj zdjeli otpornoj na toplinu pomiješajte konzerviranu hranu i sok od limuna i pecite u mikrovalnoj pećnici dok se ne otopi, oko 5 sekundi. Promiješajte i pokapajte preko voća.
f) Ohladite pitu najmanje 1 sat prije posluživanja da se nadjev ohladi i glazura stegne.

66. Ručna pita od jagoda

SASTOJCI:

- 1 Izlupajte maslac
- 1¼ šalice šećera
- 1 jaje
- 3 unce krem sira
- 2 žličice mlaćenice
- 3 šalice višenamjenskog brašna
- ¼ žličice sode bikarbone
- 1 žličica praška za pecivo
- ½ žličice soli
- 1 šalica konzerviranih jagoda
- 2 šalice svježih jagoda narezanih na kockice
- 1 žličica soka od limuna
- 2 žličice limunove korice

UPUTE:

a) Za izradu tijesta, električnom miješalicom izmiješajte maslac i šećer. Dodajte jaje i krem sir, dobro izmiješajte.

b) Dodajte mlaćenicu i miješajte da se sjedini. Polako umiješajte brašno da dobijete tijesto. Dodajte sodu bikarbonu, prašak za pecivo i sol.

c) Dobro sjedinite, a zatim rukama premijesite tijesto oblikujući loptu. Stavite tijesto u hladnjak na 1 sat. Da biste napravili pite, razvaljajte tijesto i izrežite šest krugova od 6 inča.

d) Pripremite nadjev tako da pomiješate konzervirane jagode, svježe jagode, limunov sok i limunovu koricu.

e) Na svaki krug tijesta s jedne strane žlicom rasporediti 3 žlice nadjeva. Preklopite čistu stranu i pritisnite vilicom rubove.

f) Pecite na 375 stupnjeva 20 minuta, dok ne porumene.

67.Pita od oblaka od jagoda

SASTOJCI:
KORA
- 1 1/4 šalice višenamjenskog brašna
- 1/4 žličice soli
- 1/2 žličice šećera
- 1/2 šalice veganskog margarina, narezanog na male komadiće
- 3 žlice ledene vode

PUNJENJE
- 1 (12 unci) pakiranje čvrstog svilenog tofua, ocijeđenog i protisnutog
- ¾ šalice šećera
- 1 žličica čistog ekstrakta vanilije
- 2 šalice narezanih svježih jagoda
- 1/2 šalice konzervirane jagode
- 1 žlica kukuruznog škroba otopljena u 2 žlice vode

UPUTE:

a) Napravite koru: U sjeckalici pomiješajte brašno, sol i šećer i promiješajte. Dodati margarin i izraditi dok ne postane mrvica.

b) Dok stroj radi, ulijte vodu i zamijesite mekano tijesto. Nemojte pretjerano miješati. Tijesto spljoštite u disk i zamotajte u plastičnu foliju.

c) Stavite u hladnjak na 30 minuta. Zagrijte pećnicu na 400°F.

d) Razvaljajte tijesto na lagano pobrašnjenoj radnoj površini na oko 10 inča u promjeru. Stavite tijesto u tanjir za pite od 9 inča. Obrežite i uglačajte rubove. Na dnu tijesta vilicom izbodite rupice. Pecite 10 minuta, zatim izvadite iz pećnice i ostavite sa strane. Smanjite temperaturu pećnice na 350°F.

e) Napravite nadjev: U blenderu ili procesoru hrane pomiješajte tofu, šećer i vaniliju i miksajte dok ne postane glatko. Izliti u pripremljenu koru.

f) Pecite 30 minuta. Izvadite iz pećnice i ostavite da se ohladi 30 minuta.

g) Rasporedite narezane jagode po vrhu pite u ukrasnom uzorku da pokriju cijelu površinu. Staviti na stranu.

h) Pasirajte konzerve u blenderu ili procesoru hrane i prebacite u malu tavu na srednje jakoj vatri. Umiješajte smjesu kukuruznog škroba i nastavite miješati dok se smjesa ne zgusne.

i) Žlicom prelijte pitu glazurom od jagoda. Ohladite pitu najmanje 1 sat prije posluživanja da se nadjev ohladi i glazura stegne.

68. Ružičasta limunada - jagoda Tartufi

SASTOJCI:
- 16 unci temperirane bijele čokolade, podijeljeno
- 6 žlica maslaca, omekšalog
- 1 žlica limunove korice
- 1 žličica ružičaste limunade
- ⅓ žličice vinske kiseline
- Prstohvat soli
- 2 žlice konzervirane jagode

UPUTE:
a) Umiješajte maslac u 10 unci temperirane čokolade dok se smjesa dobro ne sjedini .
b) Dodajte preostale sastojke i dobro promiješajte.
c) Ganache razdijelite u četvrtaste kalupe od 1 inča.
d) Ostavite na radnoj površini ili stavite u hladnjak na 20 minuta da se stvrdne.
e) Umočite tartufe u preostalih 16 unci temperirane bijele čokolade.
f) Ukrasite tako da na svaki tartuf prije umočenja sljedećeg tartufa stavite ružičasto-žuti lim za prijenos s kakao maslacem.
g) Ostavite da se stegne na hladnom mjestu 10 do 20 minuta prije nego što skinete foliju za prijenos.
h) Čuvajte do 3 tjedna na sobnoj temperaturi na tamnom mjestu daleko od mirisa i topline .

69. Lagane voćne pinwheels

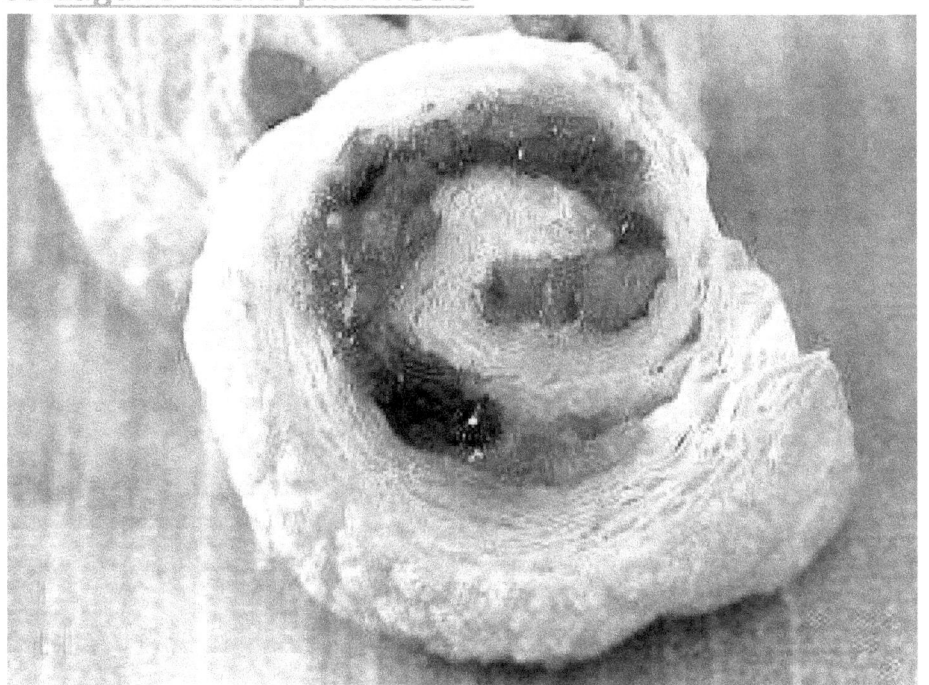

SASTOJCI:
- 1 list smrznutog lisnatog tijesta; odmrznuti
- ½ šalice šećera; (oko)
- ½ šalice džema ili džema; (oko)

UPUTE:
a) Zagrijte pećnicu na 400F. Razvaljajte list tijesta na radnoj površini da uklonite nabore.
b) Premažite tijesto vodom. Počevši od 1 ruba, zarolajte tijesto u obliku žele rolade.
c) Izrežite tijesto na velike krugove debljine ¼ inča.
d) Stavite šećer na tanjur i utisnite 1 krug u šećer. Stavite okrugle na lim za pečenje, sa šećernom stranom prema gore, podvucite kraj ispod. Ponovite s preostalim krugovima tijesta. Prstom pritisnite središte kruga da napravite malu udubinu.
e) U udubljenje žličicom stavljati 1 žličicu pekmeza. Peciva dodatno pospite šećerom.
f) Pecite kolače dok ne porumene, oko 20 minuta. Ohladite na rešetkama.

70. Mozzarella, pršut i džem od smokava

SASTOJCI:
- 4 meke francuske ili talijanske rolnice (ili polupečene ako ima)
- 10—12 unci svježe mozzarelle, debelo narezane
- 8 unci pršuta, tanko narezanog
- ¼-½ šalice džema od smokava ili konzerviranih smokava, po ukusu
- Mekani maslac za mazanje kruha

UPUTE:
a) Svaku rolicu razdvojite i slojite mozzarellom i pršutom. Gornje kriške namažite marmeladom od smokava, pa zatvorite.
b) Vanjski dio svakog sendviča premažite maslacem.
c) Zagrijte tešku neprianjajuću tavu ili prešu za panini na srednje jakoj vatri. Stavite sendviče u tavu, radeći u dvije serije ovisno o veličini tepsije.
d) Pritisnite sendviče ili zatvorite rešetku i pecite, okrećući jednom ili dvaput, dok kruh ne postane hrskav, a sir se otopi. Iako su rolice na početku okrugle, nakon pritiska znatno su ravnije i mogu se lako okrenuti, iako pažljivo.

71. Swirl sladoled od maline i čokolade

SASTOJCI:
- ½ šalice svijetlog nektara agave
- 2 unce nezaslađene čokolade, nasjeckane
- 3 šalice mlijeka od vanilije i badema, podijeljeno
- ⅓ šalice kakaa u prahu
- 1 prstohvat soli
- 1 šalica pakirane morske mahovine, očišćene i namočene
- 1 staklenka (teglica od 12 unci) konzerviranih malina

UPUTE:

a) U manjem loncu zagrijte nektar agave s nasjeckanom čokoladom na najmanjoj mogućoj vatri uz stalno miješanje dok se čokolada ne otopi. Maknite s vatre i ostavite sa strane.

b) U blenderu pomiješajte 1 šalicu bademovog mlijeka, kakao prah, sol i morsku mahovinu. Miksajte pri najvećoj brzini 1 minutu ili dok smjesa ne bude potpuno glatka.

c) Dodajte mješavinu agave/čokolade u blender i miksajte dok ne postane glatka. Ulijte smjesu u veliku zdjelu i umiješajte preostale 2 šalice bademovog mlijeka dok se ne sjedini. Pokrijte zdjelu i stavite u hladnjak na nekoliko sati, ili dok se dobro ne ohladi.

d) Obradite u aparatu za sladoled prema uputama proizvođača. Izvadite sladoled iz aparata i spakirajte ga u posudu za zamrzavanje.

e) Ubacite žličice kolača od malina na sladoled i zatim ih gurnite u njega.

f) Zamrznite nekoliko sati dok se ne stegne.

72. Parisienne voćni tart

SASTOJCI:
- Paket od 10 unci smrznutih pljeskavica
- Šećer
- 1 šalica Mlijeko
- 1 šalica Teška krema
- Paket od 4 unce mješavine mekog deserta s okusom vanilije
- 2 banane
- 2 žlice Sok od limuna
- ⅓ šalice Konzerve od marelica
- 2 šalice Zeleno grožđe bez sjemenki, oprano
- 8¼ unci narezanog ananasa, ocijeđenog.

UPUTE:
a) Izvadite ljuske pljeskavice iz pakiranja. Odmrzavajte na sobnoj temperaturi pola sata.
b) Stavite krugove tijesta, malo preklapajući, po dužini na lagano pobrašnjenu površinu. Razvaljajte u pravokutnik 16x4 inča.
c) Stavite na nepodmazan veliki lim za kekse; ravnomjerno obrežite rubove; dobro izbockati vilicom; ohladite 30 minuta.
d) Tanko namotajte obreske; izrezati na ⅓-inča široke trake duge oko 4 inča; premažite vodom; pritisnite krajeve zajedno da napravite prstenove.
e) Prstenove premažite vodom, a zatim umočite u šećer; stavite na pleh zajedno s pravokutnikom tijesta.
f) Pecite tijesto i obruč u pećnici na 400 stupnjeva 10 minuta. ostavite prstenove za ukras.
g) Pecite pravokutnik od tijesta 10 minuta duže, ili dok ne porumeni.
h) Izvadite na rešetku; cool.
i) Pomiješajte mlijeko, ¼ šalice vrhnja i desertnu smjesu u maloj dubokoj zdjeli; istucite slijedeći upute na etiketi. Ohladite 15 minuta.
j) Ogulite i narežite banane na kriške debljine ¼ inča. Poškropite sokom od pola limuna.
k) Podijelite tijesto na dva sloja.
l) Stavite donji sloj na dugačku posudu ili dasku za posluživanje; premažite s oko ⅔ mekog deserta; složite kriške banane na duge bočne rubove; premažite preostalom smjesom za desert.
m) Na vrh stavite drugi sloj tijesta.

n) Zagrijte marelice s preostalim sokom od limuna dok se ne otope u tavi; malo ohladite. Premažite cijeli tart.
o) U zdjeli istucite preostalo vrhnje dok ne postane čvrst.
p) Ispecite ili premažite šlagom preko vrha tijesta.
q) Složite uredne redove grožđa u kremi, počevši od vanjskih rubova.
r) Kriške ananasa prerežite na pola i stavite u sredinu.
s) Ukrasite odvojenim kolutićima od tijesta.

73.Tart od badema

SASTOJCI:
- Tijesto
- ½ šalice gustog vrhnja
- ⅓ šalice šećera
- 1 žličica naribane korice naranče
- ¼ žličice ekstrakta badema
- 1 šalica narezanih badema
- Šlag za ukras
- Konzerve od malina

UPUTE:
a) Najmanje 2 brašna prije pripreme tarta, napravite tijesto.
b) Kada se tijesto ohladi, zagrijte pećnicu na 375'F. Između pobrašnjenih listova voštanog papira razvaljajte tijesto na krug od 11 inča. Stavite u rebrasti kalup za tart od 9 inča s dnom koje se može ukloniti.
c) Zarežite tijesto ravnomjerno rubom kalupa.
d) Probušite dno i stranice tijesta.
e) Stavite kalup za tart na obrubljeni lim za pečenje. Koru od tijesta obložite aluminijskom folijom i napunite utezima za pite. Pecite 8 minuta; izvadite posudu iz pećnice i izvadite foliju i utege. Vratite tijesto u pećnicu i pecite još 4 minute. Odložite na rešetku da se ohladi.
f) U međuvremenu, u zdjeli, električnom miješalicom na srednjoj brzini, miješajte vrhnje, šećer, koricu i ekstrakt dok se šećer ne otopi, dodajte bademe.
g) Žlicom ravnomjerno rasporedite smjesu badema u koru tijesta. Vratite u pećnicu i pecite 20 do 25 minuta, ili dok nadjev ne dobije zlatnu boju. Ohladite na sobnoj temperaturi na rešetki.
h) Kad se tart ohladi po vanjskom rubu žlicom zalijte šlag; promiješajte konzerve i prelijte preko vrhnja. Izrežite na 12 kriški i poslužite.
i) Pecivo: U zdjeli pomiješajte 1 C neprosijanog višenamjenskog brašna, ½ t soli i ½ t šećera. Miješalicom za tijesto ili 2 noža izrežite 6 T neslanog maslaca i 2 T biljnog masti dok smjesa ne bude nalikovala grubim mrvicama.
j) Postupno dodajte 2½ do 3 T ledene vode u smjesu brašna, lagano miješajući vilicom dok tijesto ne postane dovoljno vlažno da se oblikuje lopta. Rukama razvaljajte u kuglu i spljoštite na debljinu od 1 inča. Zamotajte i ohladite najmanje 2 brašna prije upotrebe.

74.Torte od badema i marelice

SASTOJCI:
- ½ šalice maslaca
- 3 unce krem sira
- ⅓ šalice maslaca
- ½ šalice šećera
- 1 svako jaje
- ½ žličice pakiranja omekšale vanilije
- 1 šalica višenamjenskog brašna
- ⅔ šalice grubo mljevenih prženih blanširanih badema
- ⅓ šalice konzervirane marelice
- narezati bademe

UPUTE:

a) TIJESTO: Miješajte ½ šalice maslaca i krem sir električnom miješalicom 30 sekundi. Umiješajte brašno. Pokrijte i ohladite 1 sat.

b) NADJEV: Miksajte ⅓ šalice maslaca električnom miješalicom 30 sekundi. Umutiti šećer, zatim jaje i vaniliju.

c) Umiješajte mljevene bademe. Utisnite 1 žlicu tijesta ravnomjerno na dno i gornje strane svake od osamnaest posuda za tart od 2 do 2 ½ inča.

d) Žlicom stavite 1 žličicu nadjeva od badema na svaki kolač.

e) Pecite na limu za pečenje 20 do 25 minuta u pećnici zagrijanoj na 350F. Torte ohladite u kalupima oko 10 minuta. U međuvremenu zagrijte i miješajte marelicu na laganoj vatri dok se ne otopi.

f) Izvadite torte iz kalupa i stavite ih na rešetke. Dok su torte još tople premažite nadjev otopljenim konzervama.

g) Po želji ukrasite narezanim bademima. Cool.

75. Vafli s ricottom i malinom

SASTOJCI:
- 2 šalice višenamjenskog brašna
- 2 žlice palente
- 2 žlice bijelog šećera
- ¾ žličice sode bikarbone
- ¾ žličice soli u listićima
- 2 šalice mlaćenice
- 2 velika jaja
- ⅔ šalice ricotte
- 1 žličica čistog ekstrakta vanilije
- ½ šalice biljnog ulja
- ¼ šalice džema/džema od malina

UPUTE:
a) Pomiješajte suhe sastojke u velikoj zdjeli za miješanje; miješati dok se dobro ne izmiješa. U velikoj posudi za mjerenje ili zasebnoj zdjeli za miješanje pomiješajte mlaćenicu, jaja, ricottu, ekstrakt vanilije i ulje; umutiti da se sjedini.
b) Dodajte tekuće sastojke suhim sastojcima i miješajte dok ne postane glatko. Prelijte džem/konzervirano tijesto i zavrtite.
c) Prethodno zagrijte aparat za vafle na željenu postavku (kada se prethodno zagrije, oglasit će se ton).
d) Polako ulijte malo čaše tijesta kroz vrh izljeva, pazeći da tijesto teče u pekač za vafle i ne napunite izljev tijestom odjednom.
e) Kada se oglasi ton, vafla je spremna. Pažljivo otvorite pekač za vafle i izvadite pečene vafle.
f) Zatvorite pekač za vafle i ponovite s preostalim tijestom.

KISELI KRASTAVCI

76. Salata od tjestenine od kiselih krastavaca

SASTOJCI:
- Kuhana tjestenina (bilo koji oblik)
- Kiseli krastavčić kopar narezan na kockice
- Cherry rajčice, prepolovljene
- Nasjeckani crveni luk
- Paprike narezane na kockice (bilo koje boje)
- Sjeckani svježi kopar
- Majoneza
- Dijon senf
- Posolite i popaprite po ukusu

UPUTE:
a) U velikoj zdjeli pomiješajte kuhanu tjesteninu, kisele krastavce narezane na kockice, cherry rajčice, crveni luk, papriku i svježi kopar.
b) U maloj posudi pomiješajte majonezu i Dijon senf. Omjer prilagodite svom ukusu.
c) Dodajte preljev u smjesu tjestenine i miješajte dok se sve dobro ne prekrije .
d) Začinite solju i paprom po ukusu.
e) Ohladite prije posluživanja.

77. Pohana piletina u salamuri

SASTOJCI:
- Komadi piletine (batak, batak ili prsa)
- Salamura od kiselih krastavaca
- Brašno
- Sol i papar
- Ulje za prženje

UPUTE:
a) Marinirajte komade piletine u salamuri najmanje 4 sata ili preko noći.
b) Izvadite piletinu iz salamure i osušite.
c) Umiješajte piletinu u mješavinu brašna, soli i papra.
d) Pržite dok ne porumeni i kuhano.

78. Zalogaji pereca punjeni kiselim krastavcima i sirom

SASTOJCI:
- Tijesto za perece (kupovno ili domaće)
- Kiseli krastavčić kopar narezan na kockice
- Kockice sira cheddar ili pepper jack
- Pranje jaja (1 jaje razmućeno s malo vode)
- Krupna sol

UPUTE:
a) Razvaljajte male dijelove tijesta za perece.
b) U sredinu stavite kockicu sira i malo kiselih krastavaca narezanih na kockice.
c) Preklopite tijesto preko nadjeva, spojite rubove.
d) Premažite ih jajima i pospite krupnom soli.
e) Pecite prema uputama za tijesto za perece.

79. Kisele krastavce i šunku

SASTOJCI:
- Tortilje od brašna
- Kremasti sir
- Kiseli krastavčić kopar narezan na kockice
- Tanko narezana šunka

UPUTE:
a) Preko tortilje od brašna rasporedite sloj krem sira.
b) Složite šunku narezanu na ploške i kisele krastavce narezane na kockice.
c) Čvrsto zarolajte tortilju.
d) Narežite na kolutiće i pričvrstite čačkalicama.

80. Sveamerički hamburgeri

SASTOJCI:
PLJESKAVICE
- 1 mala glavica luka, sitno nasjeckana
- Košer sol i svježe mljeveni crni papar
- ¾ funte mljevene govedine (80% nemasno)
- 2 pljeskavice od krumpira, vodoravno prepolovljene
- 1 žlica neslanog maslaca
- 4 kriške američkog sira
- ¼ šalice ocijeđenih kiselih krastavaca
- ½ šalice rastresito pakirane, sitno narezane zelene salate

SPECIJALNI UMAK
- ½ šalice majoneze
- ¼ šalice kečapa
- 2 žlice slatkog kiselog krastavca, ocijeđenog
- ½ žličice senfa u prahu (kao što je Colman's)
- ½ žličice češnjaka u prahu
- ½ žličice luka u prahu
- ¼ žličice šećera

UPUTE:
a) Dehidrirajte luk. Zagrijte pećnicu na 325°F. Raširite luk na malu tavu u jednom ravnomjernom sloju. Posolite i popaprite. Pecite 25 do 27 minuta, dok se ne smežuraju i tek počnu rumeniti oko rubova. Izvadite iz pećnice i ostavite sa strane da se ohladi.

b) Formirajte pljeskavice. Stavite mljevenu govedinu u veliku zdjelu i začinite s ½ žličice soli i ¼ žličice papra. Rukama lagano miješajte dok se smjesa ne sjedini. Podijelite junetinu na 4 loptice jednake veličine. Postavite kuglice na nekoliko centimetara razmaka između dva sloja voštanog papira. Pritisnite kuglice u tanke pljeskavice, debljine ⅛ do ¼ inča, promjera 4½ inča. Pogačice ohladite u hladnjaku najmanje 5 minuta.

c) Napravite umak. U maloj zdjeli pomiješajte majonezu, kečap, relish, senf u prahu, češnjak u prahu, luk u prahu i šećer. Posolite i popaprite.

d) Tostirajte lepinje. Zagrijte veliku tavu od lijevanog željeza na srednje jakoj temperaturi. Radeći u serijama, pecite pecivo u suhoj tavi, s prerezanom stranom prema dolje, 1 do 2 minute, dok lagano ne porumene. Prebacite na čistu, suhu radnu površinu. Namažite dno i vrh peciva tankim slojem umaka.

e) Skuhajte pljeskavice. Izvadite pljeskavice iz hladnjaka. U istoj tavi u kojoj ste tostirali peciva, otopite maslac na srednje jakoj temperaturi. Neposredno prije kuhanja posolite gornju stranu pljeskavica. Stavite dvije pljeskavice u tavu, posoljenom stranom prema dolje. Po vrhu posolite. Pecite 2 minute s prve strane ili dok ne porumene. Okrenite hamburgere i kuhajte još 1 minutu ili dok ne porumene. Prebacite na dno peciva i odmah nadjenite svaki hamburger kriškom sira. Stavite preostale dvije pljeskavice u tavu, posoljenom stranom prema dolje. Po vrhu posolite. Pecite 2 minute s prve strane ili dok ne porumene. Okrenite hamburgere i na svaki stavite krišku sira. Kuhajte još 1 minutu ili dok ne porumene i sir se otopi. Kuhane pljeskavice odmah premjestite na hamburgere prelivene sirom. Pustite da odstoji 1 minutu kako bi gornja pljeskavica otopila sir na donjoj pljeskavici.
f) Sastavite pljeskavice. Na svaki hamburger stavite 1 žlicu luka, nekoliko kriški kiselih krastavaca, malu šaku zelene salate i vrhove peciva. Prebacite na tanjure za posluživanje i poslužite.

81. Kopiraj u N' Out Burgeru

SASTOJCI:
PLJESKAVICE:
- 1 lb mljevene junetine (poželjno 80/20)
- Sol i papar
- 4 kriške, žuti američki sir

SASTOJCI ZA UMAKE
- ⅓ šalice majoneze
- 1 žlica kečapa bez šećera
- 1 žličica senfa
- 2 žlice kiselih krastavaca narezanih na kockice
- 1-2 žličice soka od kiselih krastavaca
- ½ žličice soli
- ½ žličice paprike
- ½ žličice češnjaka u prahu

PRELJEVI:
- Iceberg zelena salata "peciva"
- Narezana rajčica
- Kiseli krastavci
- ½ žutog luka, tanko narezanog
- Izborno - pametne punđe

UPUTE:

a) Počnite s pripremom umaka. U maloj posudi pomiješajte majonezu, kečap bez šećera, 1 žličicu senfa, kisele krastavce narezane na kockice, sok od kiselih krastavaca i začine. Promiješajte i isprobajte okus. Okusi se s vremenom bolje stapaju pa se slobodno prilagodite.

b) Za pripremu pljeskavica za hamburger odmjerite 2 unce mesa po pljeskavici i zarolajte ih u mesnu okruglicu. Ponovite tako da imate ukupno 10 mesnih okruglica. Začinite vrhove morskom soli i mljevenim crnim paprom.

c) Prethodno zagrijte lijevano željezo/rešo na jaku temperaturu. Po potrebi dodajte malo ulja u tavu. Stavite dvije mesne okruglice na rešetku ili tavu, koristite široku lopaticu i pritisnite prema dolje.

d) Premažite vrh (po izboru) senfom prije okretanja. Radite brzo. Kad se čini da rubovi posmeđe, okrenite ih.

e) Na jednu pljeskavicu stavite komadić američkog sira, a preko nje složite drugu pljeskavicu.

f) Za sastavljanje počnite s donjim komadom zelene salate, dodajte narezani luk, dvostruku pljeskavicu, rajčicu, kisele krastavce i umak.

g) Pokrijte drugom žemljom zelene salate i udubite!

82.Kubanci

SASTOJCI:

- 4 (6-inčna) rola heroja
- ¼ šalice (½ štapića) neslanog maslaca, na sobnoj temperaturi
- 4 žličice Dijon senfa
- ¼ šalice majoneze
- ½ funte tanko narezanog švicarskog sira
- 1 šalica ocijeđenih kiselih krastavaca za prelijevanje ili tanko narezanih kiselih krastavaca od kopra
- ½ funte tanko narezanih ostataka pečene svinjske lopatice
- ½ funte tanko narezanog pršuta cotto

UPUTE:

a) Premažite kruh maslacem. Prerežite rolice vodoravno na pola. Svaku polovicu izvana premažite maslacem. Stavite na lim, prerezanom stranom prema gore.

b) Napravite sendvič. Donji dio svake rolice namažite 1 žličicom senfa, a vrh svake rolice 1 žlicom majoneze. Prerežite kriške sira na pola i podijelite ih po dnu rolata. Na vrh stavite sloj kiselih krastavaca, pečenu svinjetinu i šunku. Pokrijte vrhovima rolata.

c) Narežite sendviče. Zagrijte veliku tavu od lijevanog željeza na srednje niskoj temperaturi dok se ne zagrije. Radeći u serijama, ako je potrebno, pažljivo prebacite sendviče u tavu. Pokrijte aluminijskom folijom i na vrh stavite veliki teški lonac.

d) Kuhajte, povremeno pritiskajući lonac, 4 do 5 minuta dok dno ne postane zlatnosmeđe i hrskavo.

e) Okrenite sendviče i zamijenite aluminijsku foliju i teški lonac.

f) Pecite 4 do 5 minuta dok druga strana ne porumeni i dok se sir potpuno ne otopi . Prebacite na dasku za rezanje i prerežite sendviče na pola pod kutom.

g) Prebacite u posude za posluživanje i poslužite.

83. Bicky Burger

SASTOJCI:
ZA PLESKAVICE:
- 1 funta mljevene govedine
- Posolite i popaprite po ukusu

ZA BICKY UMAK:
- ½ šalice majoneze
- 2 žlice kečapa
- 1 žlica senfa
- 1 žlica sitno nasjeckanog luka
- 1 žlica sitno sjeckanih kiselih krastavaca
- 1 žličica curry praha
- 1 žličica paprike
- Posolite i popaprite po ukusu

ZA SASTAVLJANJE:
- Mekana peciva za hamburger
- Narezane rajčice
- Narezani luk
- Kiseli krastavci
- Narezana salata iceberg

UPUTE:
PRIPREMITE BICKY UMAK:
a) U zdjeli pomiješajte majonezu, kečap, senf, sitno sjeckani luk, sitno nasjeckane kisele krastavce, kari, papriku, sol i papar.
b) Začine prilagodite svom ukusu. Pokrijte i stavite u hladnjak do upotrebe.

PLESKAVICE:
c) Mljeveno meso posolite i popaprite.
d) Podijelite junetinu na jednake dijelove i oblikujte ih u pljeskavice.
e) Pecite polpete na roštilju ili u tavi na srednje jakoj vatri dok ne postignu željenu razinu pečenja.

SASTAVITE BICKY BURGER:
f) Peciva za hamburger lagano prepecite.
g) Obilno namažite Bicky umak na donju polovicu svake lepinje.
h) Na vrh umaka stavite kuhanu pljeskavicu.
i) Dodajte krišku rajčice, nekoliko kolutića luka, kisele krastavce i narezanu salatu iceberg.
j) Na vrh stavite drugu polovinu punđe.
k) Poslužite Bicky Burger odmah dok je pljeskavica vruća i dok su dodaci svježi.
l) Razmislite o posluživanju s prilogom od belgijskog krumpirića za potpuni doživljaj.

84. Belgijski tartar umak

SASTOJCI:
- 1 šalica majoneze
- 2 žlice kiselih krastavaca, sitno nasjeckanih
- 1 žlica nasjeckanih kapara
- 1 žlica svježeg peršina, nasjeckanog
- 1 žličica Dijon senfa
- 1 žličica soka od limuna
- Posolite i popaprite po ukusu

UPUTE:
a) U jednoj zdjeli pomiješajte sve sastojke i dobro promiješajte.
b) Prilagodite začine solju, paprom i limunovim sokom po želji.
c) Poslužite uz plodove mora ili kao umak za krumpiriće.

85. Tepsija od čizburgera

SASTOJCI:
- 2 šalice Bisquick mješavine
- ⅔ šalice mlijeka
- 1 funta mljevene govedine
- ½ šalice luka nasjeckanog na kockice
- ½ šalice kiselih krastavaca narezanih na kockice
- 1 šalica nasjeckanog cheddar sira
- 1 šalica mlijeka
- 3 jaja
- Posolite i popaprite po ukusu

UPUTE:
a) Zagrijte pećnicu na 375°F (190°C) i namastite posudu za pečenje 9x9 inča.
b) U tavi zažutite mljevenu junetinu s lukom nasjeckanim na kockice. Ocijedite višak masnoće.
c) U zdjeli za miješanje pomiješajte smjesu za biskvit, mlijeko, sol i papar kako biste napravili temeljac za pečenje.
d) Podlogu od tepsije rasporedite u namašćenu posudu za pečenje.
e) Po podlozi ravnomjerno pospite zapečenu mljevenu junetinu i kisele krastavce narezane na kockice.
f) U posebnoj posudi umutite mlijeko i jaja. Mliječnu smjesu prelijte preko lonca.
g) Po vrhu pospite naribani cheddar sir.
h) Pecite 25-30 minuta ili dok se složenac ne stegne, a sir otopi i postane mjehurić.
i) Pustite da se čizburger složenac malo ohladi prije posluživanja.

86. Pub umak od sira

SASTOJCI:

- 3 jušne žlice grubo sjeckani, ukiseljeno jalapeno paprike
- 1 kupa teško jabukovača
- ⅛ čajna žličica tlo Crvena papar
- 2 šalice isjeckan ekstra oštar, žuta boja cheddar sir
- 2 šalice isjeckan Colby Sir
- 2 jušne žlice kukuruzni škrob
- 1 jušna žlica Dijon senf
- 60 krekeri

UPUTE:

a) U a srednji miješanje zdjela, kombinirati cheddar sir, Colby sir, i kukuruzni škrob. Mjesto na stranu.
b) U a srednji lonac za pirjanje, kombinirati jabukovača i senf.
c) Kuhati do ključanje nad srednje visok toplina.
d) Polako umutiti u the sir smjesa, a malo na a vrijeme, do glatko, nesmetano.
e) Skretanje isključeno the toplina.
f) Promiješati u the jalapeno i Crvena paprike.
g) Mjesto the smjesa u a 1 litra usporiti štednjak ili fondi lonac.
h) Zadržati toplo na nizak toplina.
i) Poslužiti uz bok krekeri.

87. Čips od kiselih krastavaca

SASTOJCI:
- 2 pola litre kiselih krastavaca kopra; neocijeđen
- 1 veliko jaje; lagano tučen
- 1 žlica višenamjenskog brašna
- ½ žličice ljutog umaka
- 1½ šalice višenamjenskog brašna
- 2½ žličice mljevene crvene paprike
- 1 žličica češnjaka u prahu
- ½ žličice soli
- Biljno ulje

UPUTE:
a) Ocijedite kisele krastavce i ostavite ⅔ šalice soka od kiselih krastavaca.
b) Pritisnite kisele krastavce između papirnatih ručnika kako biste uklonili višak vlage.
c) Pomiješajte ⅔ šalice soka od kiselih krastavaca, jaje, 1 žlicu brašna i ljuti umak; dobro promiješajte i ostavite sa strane.
d) Pomiješajte 1-½ šalice brašna i sljedeća 3 sastojka; dobro promiješati. Umočite kisele krastavce u smjesu od jaja; udubite u mješavinu brašna.
e) Ulijte ulje do dubine od 1-½ inča, ako koristite tavu. Pržite obložene kisele krastavce u serijama, na vrućem ulju (375F) 2 do 3 minute ili dok ne porumene, okrećući jednom. Ocijediti na papirnatim ubrusima.
f) Poslužite odmah.

88.Avokado , jaja i Ezekiel tost

SASTOJCI:
- 4 kriške Ezekiel kruha
- 1 žlica maslinovog ulja
- 4 velika jaja
- 2 manja zrela avokada, bez koštica i kore
- Košer sol i crni papar po ukusu
- 2 žlice soka od limuna
- Ukiseljeni crveni luk

UPUTE:
a) U velikoj neljepljivoj tavi zagrijte ulje na srednje jakoj vatri.
b) Kriške kruha stavite na lim za pečenje i pecite dok ne porumene s obje strane.
c) Zagrijte ulje u istoj pripremljenoj tavi na srednje niskoj temperaturi.
d) Razbijte jaja u tavu i kuhajte 6-8 minuta ili dok se bjelanjci ne stvrdnu, a žumanjak ne skuha po vašoj želji.
e) U međuvremenu izgnječite avokado sa solju, paprom i limunovim sokom na plitkom tanjuru.
f) Za slaganje kruha po vrhu pospite žličicu zgnječenog avokada.
g) Začinite s prstohvatom soli i svježe mljevenim paprom te na vrh stavite 1 pečeno jaje. Uživajte uz ukiseljeni crveni luk sa strane!

89. Božićna vražja jaja

SASTOJCI:
- 1 tucet jaja
- ⅓ šalice majoneze
- 1 žličica senfa
- 3 žlice kopra kiseli krastavac
- ¼ šalice nasjeckanog svježeg peršina
- 2 žlice nasjeckanog svježeg kopra, plus još za posluživanje
- 1 kap zelene prehrambene boje (po želji)
- ¼ žličice košer soli
- ¼ žličice mljevenog crnog papra
- ¼ šalice crvene paprike narezane na kockice

a) Napunite veliki lonac s oko 2 inča vode i zakuhajte na jakoj vatri. Pažljivo dodajte jaja i kuhajte 12 minuta.

b) Uklonite jaja šupljikavom žlicom i prebacite ih u veliku zdjelu s ledenom vodom. Ostavite ih da se ohlade 2 minute. Nakon toga izvadite svako jaje iz vode, vrhom i dnom nježno lupkajte o radnu površinu, a zatim vratite jaja u ledenu vodu na dodatnih 10 minuta. Ogulite jaja.

c) Jaja prepolovite po dužini i izvadite žumanjke.

d) U zdjeli procesora hrane pomiješajte žumanjke, majonezu, senf, kisele krastavce, peršin, kopar, zelenu prehrambenu boju (ako koristite), sol i crni papar. Procesirajte 1 do 2 minute da se začinsko bilje razgradi i dobro sjedini, strugući stranice i dno zdjele prema potrebi. Izvadite smjesu i prebacite je u veliku slastičarsku vrećicu ili plastičnu vrećicu na zip. Odrežite kut torbe škarama da napravite rez širok ½ inča.

e) Stavite vrh vrećice u praznu rupu jedne polovice bjelanjka. Pustite punjenje samo dok ne ispuni rupu. Zatim nacrtajte trokut oko rubova nadjeva da podsjeća na božićno drvce. Ponovite sa svim polovicama jaja.

f) Po vrhu drvca pospite nasjeckanu crvenu papriku. Za dodatni okus i vizualnu privlačnost, pospite s još nasjeckanog svježeg kopra, ako želite. Poslužite odmah ili čuvajte u hermetički zatvorenoj posudi u hladnjaku do 24 sata.

90. od krumpira i nasturtiuma

SASTOJCI:
- 6 mladih krumpira jednake veličine
- 1 žlica morske soli
- 3 šalice izdanaka nasturtiuma, vrlo nježnih
- Mladi listovi i stabljike, labavo zbijeni
- ½ šalice nasjeckanih kiselih krastavaca kopra
- 2 žlice ukiseljenih pupoljaka ili kapara
- 1 češanj češnjaka, samljeven
- 5 žlica ekstra djevičanskog maslinovog ulja
- ¼ šalice crvenog vinskog octa
- Svježe mljeveni crni papar, po ukusu
- 2 žlice talijanskog peršina, nasjeckanog
- 1 ruke latice nasturtiuma
- 1 cijeli cvijet i lišće Nasturtiuma, za ukras

UPUTE:
a) Stavite krumpir u tavu i pokrijte vodom za oko 2 inča zajedno s 1 žlicom morske soli. Poklopite i pustite da zavrije.
b) Otklopite posudu i kuhajte na jakoj vatri oko 20 minuta, odnosno dok krumpir ne omekša.
c) Ocijedite krumpir i ostavite da se ohladi.
d) Kada se dovoljno ohladi za rukovanje, ogulite krumpire i narežite ih na kockice.
e) Premjestite krumpir u zdjelu.
f) Nasjeckajte lišće i nježne stabljike nasturcija i dodajte u zdjelu zajedno s kiselim krastavcima kopra, pupoljcima nasturcija i češnjakom.
g) Dodajte maslinovo ulje, ocat, sol i papar po ukusu.
h) Lagano promiješajte, pazeći da ne zgnječite krumpir.
i) Salatu od krumpira nasladite na starinski tanjur za posluživanje i po vrhu pospite nasjeckanim peršinom.
j) Latice narežite na trakice i pospite po salati. Ukrasite cijelim cvjetovima i listovima.

91. Cheeseburger krumpirići

SASTOJCI:
- 1 funta mljevene govedine
- 1 žlica maslinovog ulja
- 1 manja glavica luka sitno nasjeckana
- 2 češnja češnjaka, mljevena
- Posolite i popaprite po ukusu
- Smrznuti pomfrit
- Naribani cheddar sir
- Rajčice narezane na kockice
- Kisele krastavce narezane na kockice
- Crveni luk narezan na kockice
- Kečap i senf (po želji)

UPUTE:

a) Zagrijte pećnicu i skuhajte smrznuti pomfrit prema uputama na pakiranju.

b) U tavi zagrijte maslinovo ulje na srednje jakoj vatri i dodajte nasjeckani luk i nasjeckani češnjak. Kuhajte dok ne omekša.

c) Dodajte mljevenu govedinu u tavu i kuhajte dok ne porumeni, razbijajući je u male mrvice. Začinite solju i paprom po ukusu.

d) Nakon što su krumpirići pečeni, prebacite ih u posudu za pećnicu ili lim za pečenje.

e) Pospite kuhanu mljevenu govedinu preko krumpirića i pospite naribanim cheddar sirom.

f) Pecite u pećnici nekoliko minuta dok se sir ne otopi i postane mjehurić.

g) Izvadite iz pećnice i nadjenite rajčice narezane na kockice, kisele krastavce i crveni luk.

h) Poslužite uz kečap i senf po želji.

92.Šunka na žaru, sir i ananas

SASTOJCI:

- 7 unci pureće šunke, grubo nasjeckane ili narezane na vrpce ako je već tanko narezana
- 3 žlice majoneze ili po potrebi
- 4 debele kriške svježeg ananasa ili 5 kriški konzerviranih u njegovom soku
- 8 kriški kruha od cjelovitog zrna ili pšeničnog bobičastog kruha, tanko narezanog
- Oko 12 do 15 kriški kiselih krastavaca kruha i maslaca
- ½ luka, tanko narezanog
- Otprilike 8 unci sira Taleggio (odrezana kora) ili oštrog sira Cheddar, narezanog na kriške
- Ekstra djevičansko maslinovo ulje za premazivanje kruha

UPUTE:

a) U maloj posudi pomiješajte pureću šunku s majonezom. Ostavite ga sa strane.

b) Narežite ananas na kockice ili ga grubo nasjeckajte i stavite ga sa strane u zdjelu. Ako koristite svježe, pospite ga šećerom po ukusu.

c) Položite kriške kruha. Na 4 rasporedite ananas. Na ostala 4 prvo stavite malo kiselih krastavaca, zatim smjesu za salatu od pureće šunke, zatim malo luka i Taleggio. Pažljivo stavite kriške kruha s vrhom ananasa kako biste oblikovali sendviče i čvrsto ih stisnite. Svaku stranu lagano premažite maslinovim uljem.

d) Zagrijte tešku neprianjajuću tavu ili prešu za panini na srednje jakoj vatri. Stavite sendviče u tavu, pržite i pritiskajte dok prva strana ne postane hrskava i zlatna, a sir se počne topiti; zatim pomoću lopatice i eventualne male pomoći ruke pažljivo okrenite sendviče i pecite s druge strane, pritiskajući dok ne porumene.

e) Kada sendviči budu hrskavi i lagano porumene s obje strane, a sir se otopi, izvadite ih iz tave, prerežite na polovice i poslužite.

93.Cheddar i kiseli krastavac na žaru

SASTOJCI:
- 4 kriške kvalitetnog bijelog kruha
- 6-8 unci zrelog sira Cheddar, tanko narezanog
- 1-2 slatka krastavca krastavca krastavca ili kopra, tanko narezana

UPUTE:
a) Prethodno zagrijte brojlere.
b) Lagano prepecite kruh ispod pečenja, a zatim na svaku krišku stavite malo sira, kiseli krastavac i još sira. Pecite dok se sir ne otopi, a rubovi kruha ne postanu hrskavi i porumene.
c) Poslužite odmah i narežite na četvrtine.

94. Pureći sendvič s majonezom u kutiji za ručak

SASTOJCI:
- Narezana pureća prsa
- Narezani kruh ili peciva
- Majoneza
- Kreolski senf
- Narezani kiseli krastavci kopra

UPUTE:
a) Namažite tanki sloj majoneze s jedne strane kruha ili peciva.
b) S druge strane premažite tankim slojem kreolskog senfa.
c) Na vrh senfa naslagati narezanu puretinu.
d) Na puricu stavite narezane kisele krastavce kopra.
e) Zatvorite sendvič i spakirajte ga u kutiju za ručak.

Vege burger u zdjelici

SASTOJCI:
VEGGIE BURGER U ZDJELICI
- 4 šalice narezane zelene salate
- 1 litra cherry rajčica prepolovljenih
- 2 avokada narezana na kockice
- 1 šalica ljuto ukiseljenog luka
- ½ šalice cornichona nasjeckanih ako želite
- 4 vegetarijanske pljeskavice nasjeckane na kockice ili izmrvljene

VEGANSKI UMAK ZA PLJESKAVICE
- ½ šalice tahini paste
- 1 češanj češnjaka
- 1 žlica svježeg kopra ili 1 žličica osušenog
- 2 žlice svježe iscijeđenog soka od limuna
- sol i papar
- ¼ šalice vode

UPUTE:
a) Za pripremu veganskog umaka za hamburgere pomiješajte tahini, češnjak, limunov sok, kopar, sol i papar.
b) Umutite dovoljno vode da se umak razrijedi do sipke konzistencije.
c) Da biste napravili vegetarijanske zdjele za hamburgere, rasporedite dodatke za hamburgere u pojedinačne zdjele za salatu.
d) Prelijte izmrvljenim vege burger pljeskavicama i pokapajte veganskim umakom za burger.

95. Sushi rolada od rotkvica i krastavaca

SASTOJCI:
- Listovi nori algi
- Sushi riža
- Rotkvice, tanko narezane
- Krastavac, julienned
- Ukiseljeni đumbir
- Soja umak za umakanje

UPUTE:
a) Položite list norija na podlogu za sushi od bambusa.
b) Rasporedite sloj riže za sushi na nori , ostavljajući mali rub na vrhu.
c) Na sredinu riže stavite kriške rotkvice i juliened krastavac.
d) Čvrsto smotajte sushi pomoću podloge od bambusa.
e) Narežite na komade veličine zalogaja i poslužite s ukiseljenim đumbirom i soja umakom.

96. Havajska tuna na žaru s algama i rotkvicama

SASTOJCI:
- ½ šalice sojinog umaka
- 3 žlice meda
- 1 žlica mljevenog svježeg đumbira
- 2 žličice mljevenog češnjaka
- Svježe mljeveni crni papar po ukusu.
- 2 odrezaka tune
- 2 žlice rižinog vinskog octa
- 2 žlice soja umaka
- 2 žlice soka od limuna
- ½ žličice naribane kore limuna
- 1 žlica mljevenog svježeg đumbira
- 1 žličica mljevenog češnjaka
- 2 žlice mljevenog mladog luka
- ¼ žličice pahuljica crvene paprike
- ¼ šalice maslinovog ulja
- ½ pakiranja Wonton omota
- Biljno ulje za duboko prženje
- ¼ šalice morske trave
- ½ šalice Bitesize listova radiča
- ½ šalice narezane endivije
- ½ šalice mladog lišća špinata
- 2 žlice Julienned žute paprike
- 2 žlice mljevene crvene paprike
- Klice rotkvice
- Ukiseljeni đumbir
- Zlatni kavijar
- Svijetle sjemenke sezama
- Tamne sjemenke sezama

UPUTE:
a) U zdjeli pomiješajte prvih 5 sastojaka.
b) Odreske tune stavite u tavu i prelijte smjesom tako da tunu obložite sa svih strana. Marinirajte ribu 15 minuta.
c) Zatim mariniranu tunu prebacite na zagrijani roštilj i pecite 1-2 minute sa svake strane. U zdjeli umutiti sve sastojke za umak.
d) Zagrijte ulje za prženje na 350 stupnjeva. Wonton zamotuljke narežite na julienne trake i pržite ih dok ne porumene.

e) Ocijedite ih na papirnatim ručnicima. U zdjelu pomiješajte morske alge, listove radiča, narezanu endiviju, listove mladog špinata, julienned žutu papriku i julienned crvenu papriku.
f) Rasporedite alge i zelje u sredinu 2 tanjura za posluživanje i na vrh ih stavite pržene wonton trake. Prelijte s malo umaka, na vrh stavite tunjevinu i pokapajte još umaka.
g) Ukrasite malim grozdom klica rotkvice, ukiseljenim đumbirom, tobikom , svijetlim sjemenkama sezama, tamnim sjemenkama sezama i zlatnim kavijarom.

97. Cool salata za ljubitelje lososa

SASTOJCI:
- 1 funta Kuhani kraljevski ili coho losos; razbijen u komade
- 1 šalica Narezani celer
- ½ šalice Krupno nasjeckani kupus
- 1¼ šalice Majoneza ili preljev za salatu; (na 1 ½)
- ½ šalice Slatki okus od kiselih krastavaca
- 1 velika žlica Pripremljeni hren
- 1 velika žlica Luk sitno narezan
- ¼ žličice Sol
- 1 crtica Papar
- Listovi salate; lišće romana, ili endivija
- Narezane rotkvice
- Kriške kopra i kiselih krastavaca
- Kiflice ili krekeri

UPUTE:

a) Koristeći veliku zdjelu za miješanje, lagano pomiješajte losos, celer i kupus.

b) U drugoj zdjeli pomiješajte majonezu ili preljev za salatu, kisele krastavce, hren, luk, sol i papar. Dodajte ga smjesi od lososa i pomiješajte. Pokrijte salatu i ohladite do posluživanja (do 24 sata).

c) Zdjelu za salatu obložite zelenilom. Žlicom dodajte mješavinu lososa. Na vrh stavite rotkvice i kisele krastavce kopra. Salatu poslužite uz peciva ili krekere.

98.Spam Crostini

SASTOJCI:
- 1 (12 unci) limenka Spama, narezana na kockice
- 1 šalica majoneze
- ½ šalice nasjeckanog mladog luka
- ¼ šalice kiselih krastavaca narezanih na kockice
- 1 žlica Dijon senfa
- 1 žlica svježeg soka od limuna
- 1 baguette, tanko narezan
- Maslinovo ulje, za četkanje
- Posolite i popaprite po ukusu

UPUTE:
a) U tavi pirjajte Spam narezan na kockice dok malo ne porumeni .
b) U zdjeli pomiješajte majonezu, nasjeckani mladi luk, kisele krastavce narezane na kockice, dijon senf, svježi limunov sok, sol i papar.
c) Dodajte pirjani spam u smjesu majoneze i miješajte dok se dobro ne sjedini.
d) Zagrijte pećnicu na 350°F (175°C).
e) Kriške baguettea premažite maslinovim uljem i posložite u lim za pečenje.
f) Tostirajte kriške baguettea u prethodno zagrijanoj pećnici oko 5-7 minuta ili dok ne postanu lagano zlatne i hrskave.
g) Pečene ploške bageta izvadite iz pećnice i ostavite da se malo ohlade.
h) Namažite smjesu spama i majoneze na svaku prepečenu krišku bageta.
i) Složite Spam Spread Crostini na pladanj i poslužite ih kao ukusno predjelo na sljedećem okupljanju ili događaju!

99.Salata od celera

SASTOJCI:
- 1 šalica tanko nasjeckanih stabljika celera
- 1 žlica mljevenih kiselih krastavaca
- 1 žlica veganske majoneze
- ¼ šalice crnih maslina
- 1 žlica kapara
- Crni papar po ukusu

UPUTE:
a) U zdjeli za miješanje pomiješajte sve sastojke do konzistencije poput paste.
b) Jednu žlicu smjese nanesite na kreker ili list zelene salate .
c) U kreker dodajte maslinu ili preko salate od celera namotajte list zelene salate i pričvrstite ga čačkalicom.
d) Poslužite na pladnju.

ZAKLJUČAK

Kako se posljednje stranice "Kuhanja s fermentima, kiselim krastavcima i konzervama" lagano zatvaraju, nadamo se da je vaša kuhinja sada prožeta suštinom konzerviranja, a vaš kulinarski repertoar se proširio na bogatu tapiseriju okusa koje fermentacija, kiseljenje i očuvanje ponude. Ova kuharica nije samo priručnik; to je slavlje bezvremenskih tehnika koje su održale i obogatile kulinarske tradicije kroz stoljeća.

Dok uživate u posljednjim zalogajima ovih 100 nezaboravnih obroka, sjetite se da ste ne samo savladali recepte, već ste prihvatili i kulinarsku filozofiju koja cijeni umijeće očuvanja okusa. Neka vaša kuhinja i dalje bude utočište kreativnosti, gdje je potencijal fermenata, kiselih krastavaca i konzervi otključan u svakom jelu koje napravite .

Dok se ponovno ne sretnemo u vašem sljedećem kulinarskom istraživanju, neka vaša jela budu začinjena ljubavlju, tradicijom i inovacijama koje dolaze s umijećem konzerviranja. Sretno kuhanje!